第六章

五十年的大騙局

第六節 斬狗尾的故事

我們固然明白貨幣穩定的重要性。由於貨幣是所有交易的媒介，也是大部分升斗市民的財富的唯一「表達方式」，如果貨幣的價值崩潰了，對於經濟的影響是災難性的。因此，世界所有政府的財金當局，固然一心一意促進經濟發展，但當必須從經濟發展和貨幣穩定任擇其一時，必定會選後者而捨前者。

德國威瑪共和時代的超級通脹下，紙幣成為垃圾

然而，像巴西、墨西哥、俄羅斯這些國家般，貨幣匯價暴跌，自然是壞事。更甚者，如果像三十年代的德國馬克貶值（註五十二），或者是四九年中國的金圓券（註五十三），更是令到經濟崩潰的大災害。但是，如果是像九十年代中期的人民幣，或者是金融風暴後的坡幣，貨幣有秩序地下跌，那對經濟又何影響之有？就算有影響，如果以中國和新加坡的幣值作為例子，這影響也是有好無壞。

其實，貨幣與經濟息息相關，一國的貨幣匯價最好與其經濟現況相掛勾，才不致於拖累經濟。香港堅守「七點八」的聯繫匯率，在九七前經濟太強，強行用「負利率」把匯率拉低；在九七後經濟太弱，則反了過來，強行以高息來維持「七點八」，形成了十多厘的超高實質利率。就算是在美國，東部和西部的經濟狀況也大有不同，常常有東部經濟好而西部經濟差，或者是西部經濟好而東部經濟差的情況出現。美國的金融政策偏向於以東部的利益為主，因此西部也不時受到對其不利的貨幣政策所影響，經濟好時幣值低，經濟差時幣值高，甚至吃了不少苦頭。

說實在點，自由浮動的匯率最有彈性，最能隨著經濟的盛衰而自行調節其匯率的高低。如果一個地方採用了自由經濟體系，沒有理由不同時採用自由浮動的匯率，以配合其國際貿易的需要。一些「淡水學派」（註五十四）的經濟學家甚至認為，美國最少應該有兩種貨幣，以配合不同地區的不同經濟狀況的需要。

香港作為一個經濟自由的地區，甚至多次被選為全地球經濟最自由的地區，不採用自由市場主導的浮動匯率制度，偏偏用上了由政府制約的聯繫匯率制度，實在沒有道理。

註五十二：馬克貶值：一九一九年德國戰敗後，戰後德國需賠償二千二百六十億馬克，賠款令德國所得市場貸款減少，迫使威瑪政府以大量印製鈔票應付其赤字，結果引起惡性通貨膨脹。

註五十三：金圓券：金圓券是民國時期中華民國政府在中國大陸發行的一種貨幣，發行的初期，政府以行政手段強迫民間以黃金、外幣兌換。由於沒有嚴守發行限額，造成惡性通脹，發行十個月左右，已貶值超過二萬倍。

註五十四：淡水學派：在美國，信奉政府調控經濟的凱恩斯主義者，聚集在東部哈佛大學一帶，由於東部接近「鹹水」的大西洋，故稱為「鹹水學派」。信奉自由經濟的，則聚集在中部的芝加哥大學，由於芝加哥大學靠近中西部的淡水大湖，所以被稱為「淡水學派」。

其中的一個原因，當然是「歷史遺留下的問題」：聯繫匯率是港英政府留傳下來的制度，一直持之有成，為香港的經濟發展立下過不少的汗馬功勞。除非它出現了極大的缺陷，否則不應隨便更改。再說，現時財金當局的重要人馬，包括第一號把手任志剛（註五十五）在內，都是在聯繫匯率的環境下成長，對於聯繫匯率極度熟悉，在聯繫匯率的制度下，他們工作得如魚得水，但是如果猝然取消了聯繫匯率，他們就像一條離開了水的魚，難有呼吸的空間，恐怕要接受三五年的「再培訓」，才能夠適應到新的制度。因此，聯繫匯率也關係到「以任志剛為首的金管局集團」(套句中國政治的用法)的飯碗，怎麼輕易取消得了。

然而，金管局的運作，以及採用甚麼金融政策，應該以大局為重、以全港市民的利益為依歸，至於任總裁暨金管局袞袞諸公諸婆的仕途及感受，應是其次又其次小事而已。

退一萬步說，聯繫匯率過往是否為香港經濟立下了汗馬功勞，倒真是難說得緊。我們只知道，在九七年前的負利率和經濟泡沫，以及在九七年後的衰退和通貨收縮，聯繫匯率都是罪魁禍首。既然聯繫匯率在歷史定位上有過無功，那它又為何不能改呢？

其實，特區政府成立到今天，左一個醫療改革，右一個教育改革。難道董建華改掉「前朝」的東西還少嗎？多改一個聯繫匯率，似乎也不是甚麼大不了的事兒啊，董建華又那用得著客氣呢？

另外一個杞人憂天的理由是，相比起浮動匯率而言，聯繫匯率的彈性較少。

金管局的本質是一個貨幣局，工作是把美元兑換成港元，或者把港元兑換成美元，匯率是「七點八」，工作是最簡單、彈性也最少的。但如果採用了浮動匯率制度，則貨幣局的功能不敷應用，非得設立中央銀行不可。中央銀行因應不同的情況，控制貨幣的供應量，彈性明顯大得多。

很多人擔心（尤其在九七之前），當中國接收香港之後，會把貪污腐敗的風氣帶來香港。如果連特區政府內最高級的財金官員，也染上了貪污腐敗、以權謀私的風氣，那便不堪設想了。由於貨幣局的職能比中央銀行為少，所以以權謀私的可能性也較微。因此，維持聯繫匯率，也有著「買保險」的作用。

這說法看來大有道理，實則大謬不然。別說金融當局權力大得嚇人，猶如小型王國。如果要想貪污腐敗，不管是用貨幣局的形式，抑或用中央銀行的形式，也一樣有「出蠱惑」的餘地。難道區區的聯繫匯率，就能杜絕財金官員上下其手乎？撇開這點不談，即使中央政府貪污腐敗盛行，可是財金大員仍然大致廉潔，沒聽過他們因為貪污腐敗而出了甚麼漏子。而人民幣的發行政策一向高明，在技巧上是高手中的高手，才能夠在這二十年間，捍衛著中國經濟的急速發展。難道人民幣不因官員的貪污腐敗出問題，反而港元才會？這可太對香港官員的操守沒信心了吧？

當然，要將匯價與經濟實況掛勾，不一定需要浮動匯率，由官方去將匯價貶值，也是有效的方法。但這必須奠基於財金官員的聰明才智，像中國在一九九四年的人民幣貶值（註五十六），就是一大成功的例子。

註五十五：任志剛：一九九三至二〇〇九年間曾任香港金融管理局總裁，一九七一年加入香港政府，擔任統計主任，一九七六年調任為經濟主任。一九八二年獲政府任命為丙級政務官，出任首席助理金融司，參與香港的貨幣與金融事務，一九八五年出任副金融司，一九九一年獲委任為外匯基金管理局局長。一九九三年四月金管局成立，任志剛出任總裁至二〇〇九年。一九八三年任志剛先生有份參與製訂聯繫匯率制度，其後他的工作，也與聯繫匯率關係密切。一九九八年，任志剛只以加息一項措施來對抗炒家，所以任志剛先生曾被傳媒稱為「任一招」，其後他推出七項措施對抗炒家，又得「任七招」之稱號。

正如前述索羅斯在一九九二年狙擊英鎊的例子，迫令英國退出了「歐洲匯率機制」(ERM)，變回自由浮動，英國人浪費掉五十億美元去捍衛匯率而失敗，索羅斯則勁贏十億美元，英鎊跌去了百分之十五之後，匯價穩定下來，而由於英國政府不用捍衛匯率，甚至可以減息來刺激經濟，令到經濟強力復甦，失業率也急速下跌，成就了多年的繁榮期。唯一不高興的，是堅持捍衛匯率而無法完成、失信於民的馬卓安(Sir John Major)政府，以及他的財政大臣拉蒙(Norman Lamont)，後者更因此事件而引咎辭職。

人們擔心浮動匯率造成貨幣的不穩定，尤其是發行量少的貨幣，更容易被投機者舞來舞去、舞高舞低，這叫做「市場失靈」。的確，市場不一定是有效的，甚至可以斷言，有效的市場只出現在教科書中，不會在現實出現。

其實，經濟學的解釋只有一個，就是市場並不是常常有效的，經濟學上，這叫做「市場失靈」(market failure)。

一個完美的市場，必須有足夠多的參與者，以及足夠長的時間，換句話說，由於市場的參與者不可能無限，而且，時間不可能無限，兩者均是有限，因此，市場也就並非完美。

以擲骰子為例子，你擲出「大」和擲出「小」的機會率是完全相等的，如果有無限長的時間，開出「大」和開出「小」的次數也將會完全相等。但是，在短期的波幅而言，連開十口「大」或連開十口「小」，也時有發生，所以在賭場上，因賭「欖」而輸得傾家蕩產者，不計其數。

同樣道理，任何的市場也有短期的波幅。外匯市場是全世界最大的交易市場，說到交易的總金額，比股票、石油、糧食還要大得多，但其價格仍然有著極大的波幅。以日圓匯率為例子，在這五、六年間，首先從一美元兑一百二十日元左右，上升到八十日元，再急跌到一百五十日元，然後逐步攀回。二〇〇一年五月二十三日，日圓匯價也是一百二十日元左右，前後繞了一個大圈。如果乘坐時光機，由六年前一躍而至今日，好像甚麼也沒有發生過，但其實中間經過了無數的驚濤駭浪，許多人已沒頂淹死，輸得破產自殺，不在話下。

所謂的完美市場，其實並不可能。再以「大小」為例子，連續開了十口「大」之後，可能連續再開十口「小」，但是連續的十口「大」，已足夠把你的錢輸得乾乾淨淨，就算連續再開十口「小」，你也無本錢繼續賭下去，從此翻本無望了。

換句話說，市場價格儘管最終會到達致平衡，但短時間的巨幅波動，卻足夠令到參與者傾家蕩產、無法翻身。這就是「市場失靈」。

「市場失靈」的另一個例子，就是銀行擠提（註五十七）。大家知道，銀行的業務，就是接受存款，對存戶付出低息，然後用高息把存款貸出，賺取利息的差價。任何一間穩健的銀行，其存貸比率也不會到達一半。因為如果存款太多、貸款太少，這銀行根本不可能生存。所以，任何一間銀行只要有一半的客戶

註五十六：人民幣貶值：中華人民共和國曾經推行雙重匯率制度。一九九三年，朱鎔基取消雙重匯率制度，並將人民幣與美元非正式地掛勾。人民幣對美元官方匯率與調劑匯率分別由5.7元跌至8.27元左右。

註五十七：銀行擠提：指的是銀行或金融機構被大批的存款客戶要求提領回自有的儲金，通常發生在銀行的營運上有重大負面傳聞之時，銀行遭遇集中且密集的提領，很可能支應不及而宣告營運困難，倘若未得到其他援助或讓擠兑情事減緩，則該銀行極有可能因此宣告倒閉以及信用破產。

提清存款，甚至不需要一半，只須有二至三成的客戶提款，已足以令銀行破產倒閉。在六十年代，作風穩健的恆生銀行，也逃不過擠提的厄運，如非得到匯豐銀行的出手相助，早就關門大吉了。縱是如此，恆生銀行終究要給匯豐銀行吃掉了控制性股權。從此林炳炎、何善衡、何添等恆生銀行的創辦人變成了小股東，但也因禍得福，因為得到匯豐銀行的幕後支持，恆生銀行到了今日，已經成為全港最大的本地銀行，而三大創辦人的家族，也已經躍身成為百億身家的豪門巨富。

說穿了，金融市場玩的是信心遊戲，只要市場的參與者對某一件產品有信心，可以不問理由，不停以高價撲入。二〇〇〇年的科網股熱潮，就是這樣出現的。但是，當他們對一件產品失卻了信心時，可以不問價位，瘋狂拋售，這就是當日亞洲金融風暴出現的成因。

當日西方投資者對於亞洲的高速增長大感興趣，所以大量投資在亞洲，希望也獲取高增長的回報。可是，當泰國的經濟出現問題，泰銖大幅貶值後，西方投資者的信心突然崩潰，於是，泰銖便以瘋狂的走勢下滑，一直跌到毫不合理的地步。

貨幣學派大師佛利民在一篇經典論文斷言，在本質上，外匯市場如果採用浮動匯率，永遠不會受到投機者的衝擊，因為單一的投機者無法左右整個龐大的外匯市場，在眾多的投機者當中，卻有著不同的利益衝突，由於投機者的自私自利，會造成「鬼打鬼」的情況，因此，浮動匯率也就不可能被投機者所狙擊。

到了八十年代，這篇論文已被「奉上了神檯」，大多數受過經濟學訓練的人，都相信了佛利民有關浮動匯率的卓越見解。坦白說，佛利民的論文從經濟學的觀點來看，的確是無懈可擊，難怪這麼多的人將之信奉為圭臬，也相信了「浮動利率至上」的想法。但是，大多數人卻不明白經濟學作為一種科學的本質，也不明白經濟學的推理過程。

其實，經濟學推理過程，就像做實驗一樣。實驗室是一個控制的環境，把變數減至最低，才能把實驗的結果推斷出來。但是在現實生活中，有著無數的變數，那就很難得出研究的結果了。經濟學的推理，首先做出一堆假設，假設某些變數是存在的（或是不存在的）。最常見的，是假設市場是完美的，那些推理的結論才是真確。但很明顯，市場不可能是完美的，所以，這些推理結論也不一定真確，只是，如果沒有這些假設的存在，經濟學也就難以存在，因為市場上的變數太多，不將它們簡化，根本不可能出推論。

佛利民的論文，正是基於多項假設，才能成立。如果忘記了假設，單看其結論，照單全收了其浮動匯率的概念，便是以偏蓋全，並不能夠得到真相。事實上，金融市場並不完美，就算全球交易金額最大的外匯市場，一樣並不完美。

外匯市場並不完美，所以常常出現太大的波幅，這令到外匯炒家有機可乘，藉著把匯價「霍」上「霍」落而獲取暴利。這是一個客觀存在的事實，並非任何自由主義的理論可以駁斥，因為事實是無法駁斥的。

關於外匯，有一條基本的理論「三元悖論」（註五十八），是有關外匯的三項目標：匯率自由浮動、匯價穩定、外匯自由進出（即沒有外匯管制）。這三項目標，依照這條理論，最多只可以同時存在兩項，但

註五十八：「三元悖論」（Impossible trinity）是國際經濟學上的原則，也稱「三難選擇」，指一個國家不可能同時完成下列三者：資本自由進出（Capital）固定匯率（Exchange）獨立自主的貨幣政策（Monetary policy） 貨幣政策是用來控制利率，故在一個資本自由進出的國家或者地區（如香港特區），政府是不能控制雙率的。

卻不可能三項同時存在。

以美國為例子，匯率自由浮動，外匯可以自由進出；匯價卻忽高忽低，難以逆轉，現在處於極高的高位，甚至影響到外貿的興衰，皆因它要符合前兩者，便不能不犧牲匯價的穩定了。

又以香港為例子，匯價穩定在「七點八」的位置，而且外匯可以自由進出，但犧牲了匯率的自由浮動，令到匯率無法隨著經濟的盛衰而自由調節，反過來説，經濟也無法有效的調節，這就是這二十年來香港所面對的兩難情況。

其實，如果要匯率穩定，最有效的並非聯繫匯率，而是外匯管制。外匯管制限定了外匯的進出口，投機者便無機可乘，因為這令到狙擊一國的貨幣變成了不可能。但是同時，由於外匯不能自由進出，外國投資者對於注入資金便大有躊躇之處，因為誰不怕自己的資金一進入了某地方，必須經過困難的手續，以及等上一段日子，才能把資金取回呢？

因此，外匯管制對維持匯率穩定雖然有效，但卻大大的影響了外資投資的興趣。這是外匯管制的最大缺點。其實，一國貨幣的發行基礎，在於三項變數，一項是發行量，一項是儲備，這儲備可以是外匯形式，也可以是黃金，或者是其他的貴價金屬或流動資產，最後一項變數，則是國民生產總值。

當然，貨幣發行量越多，它的價值便越難維持，它的發行量越少，價值便越高，這是最基本的、錯不了的供求定律。

因此，發行量是決定匯價的三大決定因素之一。但需要補充的是，流通量（money velocity）的速度與發行量的效力是相等的。

甚麼是流通量呢？

舉例說，香港的總貨幣發行是一千萬元，其中五百萬元給李嘉誠放了在床下底，永不動用，另外的四百萬元，給郭家三兄弟埋了在地底，也是永不動用。於是，市面上流通的貨幣總額，是一百萬元，而非一千萬元。這正如一句諺語：「錢必須是花費了的，才算是自己的。」錢也必須在市面上流通，才算是流通貨幣，而貨幣的流通量是並不等於其發行量。

反過來說，如果一種貨幣不停的在市面上流通，即是說，每一個人收到錢後，均會立刻將它花掉，這會有甚麼後果呢？答案是，流通量的增加，相等發行量的增加，在人人均第一時間花掉手上的金錢的情況底下，流通量將會接近無限大，這相等於發行量接近無限大，貨幣的價值將會立刻崩潰。

這就是在一九三〇年的德國，以及在一九四九年的中國所發生的情形。這兩次的惡性通貨膨脹，可以算是空前絕後。固然，這兩國的貨幣發行量也大，印刷機不停的在印鈔票，但其通脹率高達數百萬倍，印刷機印得再快，也及不上通脹的速度。到了後來，印刷鈔票的成本，已高於其貨幣的價值，再印下去，也是枉然。

貨幣的發行量和流通量，決定了其價值，也決定了其匯價。長遠而言，貨幣的價值由其發行量來決定，除非人們已對它信心崩潰，像前述中國和德國的兩大例子。但是短期而言，人的行為可以憑藉著流通量而影響其價值，像索羅斯的狙擊英鎊，就是在短時間內增加其流通量，雖然當時英鎊的總發行量並沒有增加，但由於流通量的增加相等於發行量的增加，英鎊因而崩潰下來。

同時，一國貨幣的另一個基本因素，則是其國民生產力。以股票為例子，如果一間公司的業務欣欣向榮，每年賺取高利潤，而且有高速的利潤增長，管理階層也肯派發高息，它的股價只會上升，縱有獲利回吐，或者受到短期市況的影響，但這間公司的股價在長期而言，是不可能崩潰的。

國家貨幣的理論亦復如是。如果一個國家的生產總值高速上升、高速增長，它的貨幣是不可能崩潰的。就算有投機者意圖狙擊該地的貨幣，也不會捨易取難，挑一個難以攻破的貨幣來狙擊，而是專挑那些經濟陷入衰退，但是匯價企於高水平的貨幣，這樣子，狙擊者才能最容易成功，並且獲取最大的利潤。

在一九九八年的香港，正是經濟陷入了衰退，但匯價卻沒有把經濟的實質情況反映出來，出現了一個缺口，讓人有機可乘。

正如前面所言，一種貨幣的價值，反映出它的實質經濟狀況，而實質的經濟狀況並不止於其國民生產總值（GDP），而是國際資金對其政治、社會、經濟狀況的現在、及其將來的總評估。香港在一九九七年之前，是英國的殖民地，採用英國的法律，外國人的投資也相當於得到了英國的保證，這對港元來説，購成了一定的「溢價」（premium），令到港元「高水」了多個價位。

香港回歸之後，其制度失去了英國的保護及保證，而變成了中國的一個特別行政區。誰也知道，中國在國際間的信譽比英國低得多，因此，香港匯率的「溢價」也非得下調至合理水平不可。換言之，就算沒有了九八年的經濟衰退，但就「匯率溢價」一項，香港也非得把聯繫匯率調整不可。

值得一提的是，最介意「英國的殖民地」和「中國的特別行政區」之間區別的人，並非是外國的投資者，因為這些投資者很多是高風險投資者，專門投資在高風險、高回報的事業上。也有很多是國際性的大企業，非但在香港，在中國、在其他亞洲地區，甚至遠至非洲，也大有投資的地方。香港回歸縱令他們產生了一定的戒心，但是利之所在，勇者無懼，他們並不會因而撤出香港。然而，這些來自國外的資金，之所以挑香港而棄大陸，正是由於香港不是中國，正是由於香港是英國殖民地，可以「不聽中南海支笛」。

如果香港是中國的一部分，他們把資金留在英國便是了，還來香港幹嗎？有這種想法的人，尤其是那些貪官污吏，香港越是中國化，他們越是恐懼，而貪官污吏對香港經濟的影響力之大，是不言可喻的——政府不會言明，但每個人都知道。

當香港變成了中國的一個特別行政區後，兩地的分別便告拉近。

九十年代，中國的生產力逐漸趕上香港，直至九八年金融風暴後，根據國際貨幣基金購買力平價(Purchasing Power Parity，簡稱 PPP)（註五十九）計算，因為聯繫匯率的關係，港元比它應處的水平貴了約三至四成。

要知道，香港的物價、人工、經營成本，是內地的五至十倍(深圳或上海的五倍，小地方的十倍)，如果香港跟中國的其他地方沒有分別，那香港又憑甚麼擁有偌高的溢價呢？當然，香港在基建上、在制度上，都有著比內地大大優勝的地方，可是，這優勝又值不值得五至十倍的溢價呢？

香港回歸後，無可避免地，必須把同內地的價格物價拉近，以使其本地價格水平變得合理化，使得港元繼續維持競爭力。經過了這幾年痛苦的掙扎，大家可以漸漸的看到，許多香港本地貨的價格，已漸漸

註五十九：　購買力平價：一種根據各國不同的價格水平計算出來的貨幣之間的等值係數，對各國的國內生產總值進行合理比較。該理論指匯率取決於價格水平，而不是價格水平取決於匯率。購買力平價匯率對於比較不同國家之間的生活水平較精準。

與深圳（深圳是中國最昂貴的城市）的價錢相差無幾。尤其是在羅湖鄰站的上水，其海鮮酒家的價錢更與深圳看齊，如果把車資、時間，以及過關時人擠人的辛苦也加了上去，那麼，說上水的海鮮酒家的價錢已比深圳更有競爭力也不為過。甚至在港島區的灣仔太原街，也大有賣著十元一件衫、二十元一條褲子的店子，這可以看得出來，本地價格大減價的情況，已「靜靜地起革命」好幾年了。

至於減人工、樓宇、股票及重要資產大貶值，更是日有所聞，造成了不少負資產階層。這種種的「大減價」，就是通貨收縮。（註六十）

當時香港沒有選擇解除聯繫匯率，反而試圖用通貨收縮的方法去解決問題。結果花了七年時間，總共通縮了約 20%。那時我問雷鼎鳴，歷史上有沒有一個地方曾嘗試長期利用收縮通貨來調整價格結構呢？答案是沒有，香港是第一個。

通縮的過程是漫長而痛苦的。大家經歷了這幾年，相信深有同感。固然，把香港和內地的價格拉近，是不可以避免的過程，但是，我們有沒有辦法避開通縮，用比較沒那麼痛苦的方式去把兩地的物價拉近呢？

所有國家面對這個問題，都是採用一次性貶值的方法。為甚麼需要一次性貶值呢？事實上，香港在九七年時的貨幣供應是三萬八千多億，但銀行卻不進行借貸活動，總借貸量跌至二萬億，即是說通縮達一萬八千億。在如此惡劣的通貨收縮環境下，若要靠耐用品及薪酬下跌來調整經濟，會產生甚麼後果呢？

毫無疑問，匯率貶值是一個令人痛苦的過程，但是，這也是長痛不如短痛的做法，一次過、一刀切地，把物價過高的問題解決，而非像通縮般，慢慢地、慢慢地、慢慢地，整個社會好幾年的精力都耗費在調整物價之上，過程既漫長、又痛苦、更不符合經濟原則。

首先，物價與薪酬並非所有人同步下調，先減的人生活會變得十分困苦。其次，減價並非說減便減，必須通過解決一些社會機關如工會、法律、公務員的阻力，方能成功減價。反而一次過貨幣貶值，大家就沒辦法吭聲。而且某些公營事業到最終也沒有減價。另外，減物價的過程，是不同步、不平均的。可能你率先減價，再是他減價，我看見人人減價後，自己也減起來。然後，你見到大家都減價了，自己的生意還是沒有起色。於是，你實行第二輪減價，人家也跟著仿效，如此周而復始，直至價格調整完畢，香港回復競爭力為止。整個社會的節奏被擾亂了，但物價卻仍然比應有水平為高。意圖用通貨收縮調節經濟，只會是一個漫長而痛苦的過程。

從上面的分析看到，通縮的過程非但漫長，而且受影響者有先有後，殊不公平，因此，通過匯率貶值而作出經濟調整的方法，是比較合理的。

若要解決港元幣值過高的問題，就不可以諸多顧慮，正如佛利民（Milton Friedman）所說要將狗尾巴（註六十一）一次過斬斷。一次過大幅貶值對一般市民影響不大，因為在貨幣貶值的同時，物價會同時降低。現在透過通縮調節經濟，分開多年去進行，這樣做就等如逐寸逐寸去斬狗的尾巴，徒給狗更多的痛苦，簡直就是在凌遲香港人。

註六十：通貨收縮：指整體物價水平下降，是一個與通貨膨脹相反的概念。

註六十一：「斬狗尾巴」：佛利民在上海談及放開價格時引用過的斬狗尾巴的例子。他說要斬狗尾巴，應該一次過地斬，不要一吋一吋地斬。

但是，為甚麼商人不能一刀切地「斬狗尾」，一下子把價錢減到底，而要分多次去減呢？答案是：當商人第一次減價時，他的經營成本並沒有改變，像租金、人工、貨價，都不會立時下調，如果他一下子把價錢減至「到位」，那麼，他將會立刻陷入虧蝕，無法自拔。他必須等待其經營成本也隨著通縮的大趨勢而一步一步下調時，才有本錢去支持其不停的減價。而且，他也不可能知道那一個才是低位，只能摸著石頭過河，一步一步的去試。

通過匯率貶值來調整經濟，非但比較合理，也令到經濟調整的速度更快、更健康。以一九九二年的英鎊貶值作為例子，英鎊一跌，跌勢便止住，非但穩住了局勢，而且，英國經濟立刻谷底反彈，衰退消失了，更造就了之後幾年的繁榮。

幾乎所有負責任的國家，都是採用一次性貶值來對付幣值過高情況，並沒有所謂一跌到底的道理。貶值會否令該地方的貨幣崩潰，要看那地方究竟外債負擔、經濟實力和外匯儲備的情況。一個經濟健全，外匯儲備充足，外債不多的地方，貶值對他們的經濟不會有致命的影響，實際例子有英國、新加坡和台灣。

英國是一個例子，金融風暴後的台灣，也採用了匯率貶值的法子，結果是，台灣變成了金融風暴影響最少的幾個東亞國家之一。事實上，當國家經濟不景氣時，匯率貶值是刺激經濟的不二法門，尤其是以出口主導的國家，特別如此。九四年的中國，正是憑這一招「吃掉」了許多東亞國家的美國訂單。

甚至是台灣，陳水扁在二〇〇〇年五月二十日就職中華民國總統以來，經濟大壞，資金不停外流，加上兩岸關係緊張，台海大戰說不定會打得成，陳水扁作為弱勢政府，又無力控制行政部門和立法院，股市跌去了一半市值，台灣人心惶惶，個個都想「走資」（把資本走到外國），台灣在醞釀著的，正是貶值，而一些人恐怕東南亞各國新台幣貶值後，會像一九九七年七月二日泰銖改成自由浮動一樣，會引發出另一場金融風暴。

當然，東亞嘗過了金融風暴，經營手法穩健了很多，國家的財政結構和匯率的支持也比以前進步了，東亞金融風暴會再發生之説，就算不是無稽之談，至少也是言之過早。

反對貶值的人所持的理論是恐怕港元會暴跌，一發不可收拾，但會否出現這情形就要看該貨幣的實際狀況。有些外債累累，完全沒有外匯儲備的國家，貨幣當然有機會因大幅貶值而崩潰。但港元又有甚麼會崩潰的理由呢？

全球正處於通貨緊縮的時期，即使貶值幅度大如印尼，通脹也不過是每年十多個百份點。通貨膨脹不足懼，貶值會引致暴跌是一派胡言。香港外匯儲備充足，大部分港元都在香港人手上，除非不在香港做生意，否則就需要持有港元，根本沒甚麼要怕。當日（一九九八年）我曾打賭，若按照我的方法去做真的出了亂子，我就從中銀頂樓跳下來。

最荒謬的是，世上沒有兩種物資的相對價值是永恆不變的，何況香港的經濟環境和因素如失業率、通脹率等，都與美國截然不同的，強行將港元美元縛在一起，只會令香港的經濟循環大亂，是完全沒有必要的。繼續維持聯繫匯率只有一個理由，就是那一班官僚怕揹黑鍋，不願冒任何風險，寧願少做少錯，不做不錯。聯繫匯率始終是香港一個非常大的潛在問題。

的確，我是浮動匯率的支持者，因為我認為，浮動匯率是最好、也最適合港情的貨幣制度。很多人，包括不少「有識之士」，均會被浮動匯率的「浮動」二字所誤導，以為浮動匯率就是任由貨幣由市場力量操控，因此，他們害怕「市場失靈」，貨幣會在短時間升或跌至不合理的水平，從而損害了經濟。至於大型投機者藉著炒賣貨幣賺錢，更是不在話下了。

我有一位在銀行界任職極高層的朋友，他的專業是為銀行「操盤」，炒賣外匯。他為銀行炒賣外匯已有二十多年的經驗，而從他的職位及「江湖聲名」看來，他絕對是香港有數的超級炒賣外匯高手。有一天，我跟他吹牛聊天，談到了他的專業，他說憑他二十多年炒賣外匯的經驗，歸結起來對國際貨幣市場的觀感，總括成兩個字：「陰謀」。如果總括成三個字，則是「大陰謀」。如果總括成四個字，就是「極大陰謀」。

是的，這位朋友認為，國際貨幣市場是由一些專業的大炒家所操縱，這些大炒家當然不是普通的超級富豪這麼簡單，而很可能是一些巨型基金，跨國銀行，甚至連大中小國的政府，也有參與。傳統的經濟學理論認為，市場力量無法抗拒，自然也沒有人可以操縱市場，但這只說對了一半。

炒家不能決定市場的大趨勢，但可加快或延緩其運行的速度，尤其在短期走勢而言，炒家的確擁有神奇力量。沒有人可以將上升的貨幣拉下來，也沒有人可以將下跌的貨幣扯上來，換言之，沒有人可以將一種貨幣變得完全穩定，從這角度看，炒家的確是「成事不足，敗事有餘」，他們的「短期發功」，可以在短期內影響了市場氣氛，因而加劇了其趨勢，令到貨幣升得更高，跌得更慘。

貨幣的穩定對於一個地區的重要性，是不言可喻的，尤其是對於香港這種外向型經濟，外貿佔了國民生產總值的一個極重要部分的地區而言，貨幣穩定更是直接影響到香港的生存空間。

故此，說市場會自我調節，是騙人的，說「市場失效」不會發生，是天真的，說任由匯率自由浮動，是不可行的。

但是，所謂的「浮動匯率」制度，其實只是相對於「固定匯率」而言，意思是貨幣並沒有固定的匯價，但這並不代表，在這制度之下，匯率便真的自由浮動，任由市場力量去決定匯價，甚至坐視炒家炒賣本國貨幣，也置諸不理。

事實上，所有採用自由浮動匯率制度的國家，例如最具影響力的美國和日本，前者的聯邦儲備局，和後者的大藏省，莫不干預其本國貨幣，儘量將其貨幣的匯價維持著某程度的穩定，也儘量令到其本國貨幣的匯價可以切合其經濟現況，以收到促進經濟的功效，就算促進不了經濟，至少也不會像香港現在一般，給貨幣政策拖垮了。

說穿了，採用浮動匯率的貨幣，也必須由政府去干預其匯價，只是其匯價可以上下走動，其彈性比較大，而政府既沒有任何關於匯價的承諾，維持起匯價上來，其動作也比較自由點、舒服點。

對於後一點，打個比方，如果有一天，特區政府突然取消了「七點八」的聯繫匯率，不消說，許多市民受到了嚴重的損失。由於政府一直信誓旦旦地堅持「七點八」，這次的突然取消，市民自然把損失和怨氣都放在政府的身上。政府變成了眾矢之的，也變成了無信無義之徒，失去了公信力。

反觀美國和日本政府，就算匯價下跌，其人民也不會如此怨恨政府，因為政府從來沒有對人民承諾過匯率是穩定的。既然沒有承諾，人民對此也不為己甚了。

香港政府的「七點八」制度，其中的一大缺點，就是給予了市民一項本來不需要由政府來擔負的承諾，這將令到政府做事多了一重束縛，也是一項不必要的承擔。

說到被貨幣投機者所狙擊，正如本章前文所分析，只有固定匯率的貨幣，才會容易受到狙擊，因為狙擊固定匯率貨幣所獲得的，比投機在浮動匯率的貨幣中，利潤更大。所以，就貨幣穩定的角色看，固定匯率其實比浮動匯率更大，君不見英國（九二年前）、泰國（九七年前）、香港這些被狙擊貨幣的地方，全都是採用固定匯率嗎？

另一個對於拆除聯繫匯率的擔心，則是恐怕會因此引發起惡性通貨膨脹。

首先，我們得知道，通貨膨脹不一定是壞事。

所謂的通貨膨脹，指的是在某一段時間中，物價經歷了普遍的上升。原因可以是因為貨幣的增加而出現，也可以是因為貨幣流通量的增加而出現（大家可還記得，貨幣的發行量與流通量可以達致相同的效果嗎？），這二者可同時出現、互為影響（例如金圓券和兩次世界大戰之間的德國馬克），亦可以因為市場對貨物的需求增加（例如市場突然出現了鬱金香熱，有大量的人去搶購鬱金香），又或者是，市場的貨物供應突然減少了（例如突然發生戰爭，或是石油危機），這些的原因，均可以導致通貨膨脹的出現。

惡性通貨膨脹，自然不是好事。但是良性的、輕微的通貨膨脹，卻對經濟發展有著一定的好處。通貨膨脹鼓勵人們多花費、多投資，因為在一個通貨膨脹的環境下，把錢存起來不花用，錢便會一天比一天貶值，這毫無疑問，會對經濟有著刺激的作用。反過來說，如果在通貨收縮的環境下，把錢存在銀行吃息是最高明的投資方式，而由於物價一天比一天便宜，也不適宜作出消費的行為，個個留待明天才消費，經濟自然也好不起來。

因此，在大多數的國家，均在某一程度上歡迎輕微的通貨膨脹，以刺激經濟，而通貨收縮反而是壞事。

中國在一九七九年開始改革開放，而前蘇聯和東歐諸國在九十年代開始「變天」（所謂的「蘇東波」，即蘇聯以東的浪潮），採用了西方的標準，即民主的政治制度和資本主義的經濟制度。自此之後，世界上充斥了以十億計的廉價工人，提供廉價的日常用品給西方社會。由於中國是第一個採用社會主義制度的國家，香港人對這趨勢想必知之甚稔了。

我們目睹中國從製造手工業制品（即外國的「一元店」所出售的廉價低檔產品），以及香港人到內地設廠，製造人力密集的工業產品，到今天中國湧現的科技品牌，例如聯想電腦、科龍、創維、步步高、TCL等等的電器名牌，這些產品不單是由香港人大量購買，還行銷至全世界，這令到全世界的消費品價格無法提升。

這情況的結果是，世界的消費品價格日漸下降，通貨自然也膨脹不起來。

事實上，現時（下筆時約為二〇〇二年左右）全世界經濟體系所面對的問題，不是通貨膨脹，而是通貨收縮。

既然通貨膨脹不成問題，拆除聯繫匯率也就不會影響到通貨膨脹，反而可以舒緩香港人所面對的通貨收縮的困境，有百利而無一害。為甚麼政府用上了諸多藉口，堅決不肯拆除聯繫匯率呢？

金管局的「專業意見」，顯然是其中非常主要的一個因素。話說回來，財金當局為何堅決不肯拆除聯繫匯率呢？

在分析這問題的答案時，我們首先得搞清楚，聯繫匯率制度的最大得益者，究竟是誰。

乍看上來，這似乎是最熟悉聯繫匯率運作模式的人，即是以金管局總裁任志剛為首的龐大官僚架構。

的確，任志剛的年薪接近一千萬，是全世界人工最高的中央銀行行長，就算是權傾世界的美國聯邦儲備局局長格林斯潘（Alan Greenspan）（註六十二），其年薪連任志剛的五分一也不到。而金管局的高層們，個個高薪厚祿，年薪超過一百萬者比比皆是，不用參加亞視的「百萬富翁」遊戲，也個個是百萬富翁。很明顯，金管局的人工比私人金融機構還要高得太多，而他們所倚仗的，可不正是有關聯繫匯率的專業知識嗎？

其實，聯繫匯率的技術性看似複雜，但在真實的運作上，卻仍遠遠不如浮動匯率。聯繫匯率其實是一種彈性極少的制度，金管局擁有的自由度並不多，用最簡單的方法去說，只是銀行拿美元來，金管局發給銀行證書，准許銀行印刷「七點八」面值的港元，如此而已。

如果完全依照法律規定，金管局的體制只有其總裁一人，金管局就是總裁，金管局總裁就是金管局，其他的金管局成員，統統只是總裁的助理、秘書而已。因為，金管局的架構只需要用上三、五個人來運作，已經可以運作得很好，現時用上十四層甲級商業大廈、數百名高薪職員的龐大架構，其實完全沒有必要，只是浪費金錢而已。

用這樣龐大的人手去維持如此簡單的貨幣局機制，毫無疑問是浪費人力。事實上，現時金管局的很多人手，幹的並非是單純貨幣局的工作，其中一部分是中央銀行的職能。例如說，金管局既要收集金融數據及情報，也要積極地參與外幣的買賣，一方面為外匯基金保本增值，一方面藉此維持港元的穩定。這些工作在某程度來說，已經超越了貨幣局的職責範圍，而是部分中央銀行的工作了。

把聯繫匯率變成浮動匯率，相等於要把金管局變成中央銀行，以任志剛為首的「金管局集團」（這名字真有點文革時代的形象）固然是聯繫匯率的專家，但不會不對浮動匯率的機制有上一定的認識，要把金管局變成中央銀行，大不了高薪聘請一大堆外國專家回來，研究一輪、顧問一番，那也是十分容易的事。

看任志剛管理金管局的基本策略，是不停的擴張自己的勢力，把金管局變成獨立於政府架構之外的金融王國。如果把金管局變成中央銀行，首先得聘請一大堆專家回來，跟著又要擴大人手、擴大編制、擴大權力，如果「金管局總裁」可以順利過渡成為「中央銀行行長」，這情況只會對他有百利，而不會有一害。而看特區政府的行政做法，儘管有上千般不是、萬方過失，但對「一品大員」，一向十分夠義氣，過橋抽板的事，倒沒有做過。只要董建華一天在位，就算把金管局變成中央銀行，任志剛這行長的位子是逃不掉的。當然，任總裁捲進了廉價內部認購豪宅的風波，在九〇年十一月以五百八十六萬元向地產公司認購一個在跑馬地半山蔚雲閣的單位，如果他連這一劫也避不了，那麼，別說中央銀行行長這尊貴的位子，就是他現任的金管局總裁，恐怕也不一定保得住。但這只是假設性問題，暫且可以不理會。

直接點說，拆除聯繫匯率，將之變成浮動匯率，更有利於任志剛擴張勢力，為甚麼他不肯支持這做法，而且堅決地提出不太令人信服的理由，去阻止此事的發生？

此外，董建華是商人出身，而且本行還是與國際貿易息息相關的航運業，對匯率總也有上一點點的基本認識，曾蔭權身為財政司司長，即使再不濟也不該對各種匯率制度的優劣全無知識罷？梁錦松是正宗

註六十二：格林斯潘（Alan Greenspan）：美國第十三任聯邦準備理事會主席。許多人認為他是美國國家經濟政策的權威和決定性人物。比如他決定美國政府對通貨膨脹的態度。他被媒體業界看做是「經濟學家中的經濟學家」和「巫師（wizard of Oz）」。

外匯科班出身，對聯繫匯率和浮動匯率的認識只會在任志剛之上，不會在任志剛之下，他在行政會議上的分工雖然主力在教育改革，但總不會不在這方面提供意見給董建華。而金管局、外匯基金管理局，以及種種色色的委員會亦是人才濟濟，總不能說他們全是無知之徒，為甚麼他們不能就兩種匯率的優劣作出客觀的評價，而偏要抱殘守缺，支持聯繫匯率呢？

原因很簡單，聯繫匯率的最大得益者，並非特區政府，也非香港市民，更非董建華、任志剛，而是在香港擁有至高無上地位的「阿爺」，中央政府是也。

由於人民幣至今為止，仍然不能自由兌換，因此，中國要籌集外國資金，幫助國家發展時，有上了一定技術上的困難。

而香港，就是中國向外集資的窗口。中國透過將國企在香港的聯合交易所上市，透過批股，便能集到所需的資金，運回國內，發展經濟。這也是香港對中國經濟發展的最大用途。

由於有著聯繫匯率的保障，中國政府可以用「七點八」的固定匯率，透過香港的股票交易所，用國企、紅籌的股份，去換取寶貴的美元外匯。

這些寶貴的美元外匯，從香港源源不絕地流往中國，壯大了中國的經濟實力。很明顯，如果沒有了聯繫匯率，美元兌換港元的價格勢必大幅波動，對於中國套匯的能力也大受影響了。

從以上的分析可以看到，聯繫匯率的存在，完全是為了對中國創匯而設，對香港有百害而無一利，但對於中國，卻有百利而只有少許的壞處（香港的經濟因聯繫匯率而被拖垮，對中國也沒有好處）。因此，我們可以這樣說，聯繫匯率是香港為了幫助中國創匯，而做出的「捱義氣」的政策，如果人民幣也開始自由兌換之後，中國可以容易地獲取外匯，聯繫匯率便再沒有存在的必要了。

雖然在「一國兩制」之下，香港和中國在經濟上是截然不相干的兩個個體，香港不像上海般，每年須得繳上大筆的政府收入，給中央政府作為開支，但是，香港以聯繫匯率作為一種「隱性上繳」的方式，每年實質受到影響的數字，可能比上海的上繳數目更大，只是上繳的費用並非以現金方式來計算，而是令到香港有經濟損失而蒸發掉財富。

話說回來，香港憑藉聯繫匯率而得到的好處，也不在少。正如成也蕭何，敗也蕭何，這些好處也主要是在紅籌國企在香港市場的集資活動時所獲得的。

無論如何，既然人民幣並不公開兌換，紅籌國企要在市場上取得外匯及融資，非得在香港不可。無論香港是否實行聯繫匯率，情況也不會有所改變。因此，香港實行聯繫匯率，並非因為要取得紅籌國企的集資生意（這些生意是有無聯繫匯率也一定會幫趁香港的）。而只是令到中國透過這些集資活動時，取得的美元外匯，價格是穩定在「七點八」的位置。

換言之，聯繫匯率的最大作用，是為中國提供穩定的外匯來源，而吃虧的卻是香港。

香港吃的虧，在於沒法子透過貨幣政策和利息政策，去宏觀調控經濟。由於失去了貨幣的自主權，香港政府唯一賴以調控經濟的，只有憑藉政府開支，但由於政府開支也受到《基本法》的限制，不能赤字預算，香港政府用以調控經濟的招數，實在不多，當經濟陷入衰退時，能刺激經濟的法子實在有限得緊。

毫無疑問，董建華、曾蔭權、梁錦松、任志剛這些政府財金部門的最高決策人物，對於聯繫匯率及香港經濟的微妙關係，是了然於胸的。只是他們為何堅守聯繫匯率，是為了向中央政府「交保護費」，以換取「一國兩制」、「港人治港」，抑或另有別情，那就不得而知了。

總括而言，香港經濟敗壞的一大原因，在於聯繫匯率。這制度令到香港經濟要麼繁榮時變成虛火，造成泡沫經濟，要麼在衰退時無法轉身，不知何年何日才能擺脱衰退。一天不解除聯繫匯率，這惡性循環一天會繼續下去。

第六章：五十年的大騙局

第七章

此消彼長

第一節 剃刀門楣

香港是一個完全沒有天然資源的小地方。從它在一九四二年開埠開始，即以轉口為「牛油與麵包」，做的是轉口貿易，吃的是中國與外國的溝通飯。

的確，英國人之所以看中香港，在鴉片戰爭後、於《南京條約》中，要求中國割讓香港給大英帝國，正是這個心意。當時英國已經得到了印度、新加坡，一心想在南中國海再獲得一個良好的港口，藉著這個港口，便可以打進中國市場。而這個港口，必須實施英國法律，以防與中國商人一旦發生貿易糾紛時，也可以循英國法律去解決問題。而且，英國人躲在英國的殖民地裡，跟中國人談生意、做生意，不必害怕犯上了中國法律，因而被中國官員又拉又鎖，關進中國大牢、受中國法律審判，這可令英國人受不了。總之，有了香港這殖民地之後，英國人可以住在英國的地方，跟中國人做生意，大不了透過買辦，給買辦賺上一點錢，總之，英國人以後大可以「運籌帷幄之中，決勝於千里之外」，跟中國大陸遙控做生意了。

從地理的角度看，香港以西，印度、中東、歐洲，一片大好江山，以東，則有日本、朝鮮半島及東南亞，與美國隔了整整一個太平洋。歐洲人如果要把貨物運到美國，經大西洋路線，比經香港還要接近得多。日本和朝鮮半島的市場畢竟有限（尤其是在十九世紀），香港作為轉口港的唯一利用價值，豈不正是在中國嗎？

香港從開埠以來的市場定位，就是歐洲（自然是以英國為主要）對中國貿易的窗口。而在中國的東方，有日本、朝鮮、美國，在這些國家而言，大連、青島、上海，甚至是廈門，在地理上均比香港接近得多，在地理上，香港並無任何的優勢可言。

這些地理上比較遠離香港的國家，以選擇在香港做中國生意，一來是因為相信英國人統治的法律（無論如何也比中國的法律為佳）。二來嘛，當中國在一九四九年實行鎖國政策（註一）之後，香港是跟中國做貿易的唯一通道，這優勢自然是好得不在話下。

因此，香港一直是「東撞西」(east meets west)的交會點，從南北行、金山莊的時代以來，香港非但是中國對外出入口貿易的中心，還是中國進出口政治軍事情報，以及輸入關鍵科技的中心。

而由於香港一直與外國人做生意，其殖民地教育也一直以這方面為中心，一方面教育香港人基本的中國文化知識，另一方面教育他們基本的西洋文化知識，這令到香港人的知識水平不湯不水，不中不西，做不了中國人，也做不了洋鬼子，這正好是英國人心目人的香港定位：作為兩國貿易溝通的橋樑。

經過了這一百多年不湯不水、不中不西的教育，香港人養成了一副與外國人做生意的經驗及文化，這是任何其他中國地方所及不上的。這正是香港的「市場特點」(unique selling point)。

前文說過，在這一百五十年來，香港人培養出一種「中間人」的文化，因為香港就是靠著當中間人起家的。

註一：鎖國政策：毛澤東在一九四九年六月三十日發表論人民民主專政一文，宣佈一邊倒向社會主義陣營。一九五〇年二月十四日，中共與蘇聯簽訂為期三十年的「中蘇友好同盟互助條約」，一九五〇年十月派遣「抗美援朝志願軍」跨過鴨綠江，幫助北韓對抗以美國為首的聯合國部隊。整個一九五〇年代中共的外交政策是結合蘇聯及其它共產國家對抗以美國為首的西方陣營。

不要小覷這種中間人文化。意大利人憑著造鞋業馳名世界，造鞋業者，不過是一種低得不能再低的技術，每一個國家、每一種民族，都懂得造鞋，而且，每一家造鞋廠，都能夠買上一大批的意大利皮鞋，作為參考，模仿它們的設計和手工。但是，在全世界儘管偶有個別的鞋廠，可以造出意大利質素的皮鞋，例如瑞士的「巴利」(Bally)，但如果以國家作為單位，則直到今天為止，仍然沒有任何一個國家比得上意大利。

就是這個文化上的原因，巴西的足球始終獨步天下，德國的釀啤酒技術也馳名不衰，日本人有他們的漫畫事業，而中國武術也似乎是外國人難以學會的……這是因為一國的兒童耳濡目染，從小培養長大而成的，而不是一個國家的一兩個天才，所能扭轉的大局。

同樣道理，香港人的「中間人文化」，也非中國的其他地方，例如上海、廣州、廈門等等，所能一蹴而學會。但是，儘管人家無法學得十足十，可是只要學上了七八成水平，它們的價錢卻是香港的五分之一、十分之一，香港的優勢登時便給比下去了。

這一百五十年來，香港人打通了歐美市場的銷售渠道，也建立出一定程度的關係網，這些人際交情、網絡，也是商業秘密的一部分，也不是中國大陸一下子便學得會的。

年齡超過三十歲的讀者想必記得，直至七十年代的香港，還是充斥著無數貿易公司，往任何一幢商業大廈，看一看它的租客指南，少說有一半是貿易公司，可知其盛。

所謂的貿易公司，做的，就是中間人的工作。

這些中間人，不是從外國訂貨，運往本地，或者直上內地，就是從本地、內地、或者是其他地方入貨，運往外國去。為甚麼外國人不直接買貨或賣貨，而必須經過香港這重關卡，給我們賺中間人的費用呢？

一來，外國人擁有關於中國貿易的資訊並不多，而香港則同時擁有關於中國和外國的貿易資訊，香港人也同時擁有中國和外國的共通語言，所謂的共通語言，並非只是懂得中文和英文這麼簡單，而是包括了知道雙方的文化，才能有共同的溝通基礎。別說是在七十年代，一個滿腦子共產主義思想的幹部（他可能同時是一家大型工廠的負責人），無論他的英文有多「叻叻聲」，也不可能與一名滿腦子資本主義腐朽思想的洋鬼子商人談成生意，就是在公元二〇〇一年的今天，一些香港人也無法和內地偏遠地區（例如大西北）的人有良好的溝通。

貿易資訊也是十分重要。以地產代理公司為例子，它只是掌握了買方和賣方的資料，便能各賺百分之一的佣金。如果買家和賣家能夠自由溝通，地產代理公司那有立足的餘地？而香港的地產公司五步一樓、十步一閣，可知同時得到買方和賣方的資訊並不容易，否則這些地產代理公司統統得關門大吉了。

地產市場局限在香港本地，其代理仍然有生存的空間，何況是香港和外國、內地？香港得到資訊便利之利，難怪在七十年代，貿易公司多如黃河之鯽，數也數不清了。

正是因為這些資訊、溝通上的交易成本，令到香港作為中間人的本錢大增，香港之所以有著這一百五十年的超級繁榮增長，這個基本因素佔上了最重要的地位。

然而，在近二十年來，形勢逐漸扭轉過來。

扭轉形勢的原因有兩個，一個是大勢所趨，至於另一個呢，也是大勢所趨。

第一個大勢，是全球資訊的自由化。

資訊自由化有兩個定義，第一個定義，是狹義的，意指資訊流通的社會（如香港或歐美）和資訊不流通的社會（例如中國大陸或北朝鮮）的分別。從這方面看，香港和歐美一向就是資訊自由流通的地方，二十年前如此，二十年後的今天也是如此，沒有多大的分別。

第二個「資訊自由化」的定義，比較廣義。要知道，資訊流通是需要成本的。以中國大陸為例子，基本上，你可以在外文書店購買到絕大部分的外國刊物、報紙，而衛星電視也有著不低的普遍程度。如果你有門路，基本上，你可以得到所的外國資訊，也沒有坐牢之虞。

問題是，在中國大陸，要獲得這些外國資訊的成本，極度高昂，這是普通百姓所無法負擔的。

換言之，只有一小撮的高級幹部，以及富豪、外商們，才能支付得起吸收外國資訊的昂貴費用，而這些人，非但人數極少，還是現有制度下的既得利益者，他們的獲得外國資訊，不會影響到中華人民共和國的政權，反而，如果連這些社會最高層也無法獲得充分的資訊時，對整個國家的經濟和政治穩定（在中國政府的定義中，政治穩定指的是「共產黨執政」，如果共產黨喪失了政權，就算社會局勢再穩定，在中華人民共和國政府的心目中，也不能叫政治穩定），有百害而無一利。

事實上，就是在文化大革命時代的中國，資訊也並非完全不流通，至少在周恩來、林彪、江青的階層（毛澤東不算，因為包括林彪、江青在內的一些人瞞上欺下，不讓他得到所有的資訊），資訊是自由的。而一般中國人民要想獲得國外的資訊，代價極度高昂，而這代價並非以金錢來衡量，卻是用社會地位、人身自由，甚至是付出生命。

在經濟學的角度看，用金錢來作為貨物的代價，與用社會地位、人身自由或生命來作為貨物的代價，理論上，原理是相同的。這些代價，甚至可以用或然率來付出，箇中原理，且聽在下細細道來。

你去獲得一件貨物，不一定用金錢去購買。事實上，金錢的概念，是直到近代才出現，在不是太久的古代，主要的交易方式，還是最原始的「以物易物」。而在人類出現文明之前，要獲得貨物的最基本方法，就是用武力去搶。

從「粒線體」(mitochondria)（註二）作出基因分析，「現代智人」(homo sapiens)約有十萬年的歷史，文明出現不到一萬年，可知人類用武力去搶的時間(九萬年以上)是以物易物的時間（一萬年以下)的十倍。最廣義的「貨幣」是貝殼，大約在公元前一千年出現，而「鈔票」的第一次出現是在中國的宋朝（距今大約一千年前），那時叫「會子」，然而，鈔票的真正流行，還是近二、三百年間的事。

我們先不要被金錢、鈔票這些「表象」蒙蔽了眼睛，交易的本質，就是你犧牲一定的代價，去獲得某一件貨物。而你犧牲的代價，不一定是金錢。德國大文豪歌德的史詩巨著《浮士德》(Faust)中的主人翁，是以靈魂換取金錢，就是經典的交易例子。

用或然率去獲取貨物的「交易」，是純粹分析上的概念。例如一名賊人去打劫，他並不是用「坐牢」去換取金錢，如果打劫非得落網坐牢不可，相信罪案非得少掉百分之九十九不可。用另一種說法，這名賊人是以「坐牢的或然率」(可能是五十巴仙，可能是三十巴仙，視乎警方的破案率、賊人本身的犯罪能力，

註二：粒線體：一種含有遺傳物質的一種細胞器。其功用為負責氧化反應，並將人體所攝入的食物轉化為能量以供細胞所需。

以及後者的運氣而定），去博取金錢。

在鄧小平的改革開放政策之前，中國人民獲取外國資訊的成本，便是極高的「坐牢或然率」，或者是極高的「被批鬥或然率」。在一般人民百姓而言，要付出自由，甚至是生命，去獲得外國資訊，無疑是極不划算的事。當一件貨物「價格高昂」的時候，它的客人便少，這是供求定律最基本原理，因此，當時的中國也就沒有甚麼人敢於取得外國資訊，國家因而失去了資訊的自由。

到了現在，中國人要想獲得額外的國外資訊，並不需要付出任何的自由或生命代價，但卻需要付出一定程度的溢價，因為國家的傳媒並不提供「與中國政府立場相違背」的內容，外國傳媒的費用非但較貴，也並非以中文寫成，而偏偏絕大部分的中國人都是收入低、知識低之輩，自然也無法得到太多與官方立場相違背的資訊。換言之，這是一種變相的「寓禁於徵」的做法。

直接點說，中國人獲取資訊的成本，遠比香港昂貴得多。香港作為一個「資訊自由地區」定義，其實是其人民可以用較低廉的代價，去獲得全世界資訊，相比之下，東亞的其他所有國家，包括日本在內，在資訊自由方面，均沒有香港的價格優勢。

香港之所以在資訊自由方面勝於日本和台灣，並非在於「自由」，而是勝在吸收資訊的成本。因為香港人的英文程度，普遍地高於日本人和台灣人，而大部分重要的國際性資訊，均以英文寫成，香港人遂能以低廉的成本（不需翻譯）、更快的速度，去獲得這些資訊。這是香港資訊自由的優勢所在。

全球資訊的自由化，用另一種説法，就是全球獲得資訊的成本均大幅降低。

前述的中國例子，就是把資訊成本從生命、自由這些天文數字的費用，變成了一般中產階級能夠負擔的成本。

非單中國，就算是越南，其資訊成本也大大的減少了，而俄羅斯和東歐諸國也因為民主改革、經濟開放而變成了資訊自由的國家。

大家知道，吃貿易飯的，就是吃資訊的飯，如果全世界的資訊完全開放、完全不用成本，那麼，買家和賣家就可以自由與對方聯繫，貿易工作者只能「吃西北風」。

換言之，資訊越是自由，對香港作為貿易中心的地位越是不利。當年中國未開放時，甚麼對外貿易都得經過香港，讓香港賺上一份中間人的佣金，但是現在中國開放了，甚至連中國國內的公司也可以在全世界的股票交易所上市，中國的商人自然也可以直接與外國的商人接洽生意，香港作為中間人的生存空間，自然也給縮窄成最小。

事實上，這十年八年來，單單是當貿易商，其出路是越來越狹窄了。香港人在港搞貿易的，很多在國內有上了整套的生產設備，香港只是其銷售部門（sales department）。而在國內沒有工廠支持的，單是憑著銷售部門（相當於一間貿易公司），現在已經很難找到生存空間。

非但如此，因為資訊越來越自由（資訊成本越來越便宜），連所謂的「代理商」（貿易的一種），也受到了衝擊。

在二十年前，凡是外國人來東方地方做生意，必定要找一個「總代理」，這總代理相當於買辦，外國人可以把貨物直接銷售給這總代理，然後由這總代理負責這市場的所有營銷，自然也是盈虧自負。

但是，由於資訊成本越來越見低廉，跨國大公司漸漸傾向於直接投資在該市場中，而繞過總代理。

這種做法，固然跟以前的「總代理制度」聘用著差不多數量的人數，但是其最高層很多時是總公司派過來的心腹幹部，而賺到的利潤，也屬於外國的總公司，而非香港的代理商。

就是跨國公司不直接投資，也難免會鬼頭鬼腦的，跟本地的水貨商接洽，賣出水貨。這是因為資訊流通，總代理已經無法獨享有關貨物的訊息，因而給水貨商有機會擊入市場，分享總代理的利潤。

就是為何近年來平治汽車、日本電器的水貨大行其道，正是因為「行家們」獲得了更多資訊，才有這個能力去分吃這個大餅，可以預見的，作為總代理的公司，一本十利的時間已經一去不回了。

從這些趨勢得知，作為中間人貿易商，因為資訊的流通，就算是可以繼續賺錢，利潤也會越來越少，而偏偏貿易就是香港的一大重要收入！

另外一個關鍵的「資訊因素」，就是在未來互聯網的盛行。互聯網今後究竟能不能夠成為賺大錢的事業，至今仍然是未知之數，但是互聯網可以大幅降低資訊流通的成本，卻是不爭的事實。

資訊流通的成本既然大幅降低，內地人民要透過互聯網來獲得商業資訊，也是越來越輕而易舉的事，香港作為內地人民對外溝通的資訊中心，其利用價值也是越來越小，這是不能逆轉的大趨勢。

總之，香港本來是全球資訊最流通、經濟最自由的地方，這造成了香港獨一無二的地位，導致出一百五十年的繁榮，到了近一、二十年，這繁榮更加是不得了，香港在九七年前，差不多是全世界最繁榮的地方。

但是，在一九七九年之後，中國加入了開放的行列，無論經濟自由上，和在資訊自由上，均一天比一天開放，而俄羅斯和東歐一九九〇年之後，也加入了改革開放的行列，而且在自由化的路途上，比中國走得更快更遠。

正如《左傳》「燭之武退秦師」中的燭之武所言：「鄰之厚，君之薄也。」當全世界都爭相開放、越來越自由的時候，香港的賣點（unique selling point）顯然正在不停的減弱中。要知道，競爭力是相對的，當別人的競爭力相對提升時，香港的競爭力就算沒有改變，在相對上來說，也是減弱了。

著名的經濟學家克魯明曾經對競爭力作出過很精闢的分析，以圖證明競爭力的排名並無意義，因為競爭力排名只在與鄰國比較時，才有意義，但是在國際貿易當中，有所謂的「比較優勢」（comparative advantage），大家都在生產不同的貨物，因此，當你的生產力在提升時，我並不一定吃虧，而是有可能有雙贏的局面。即是說，你的競爭力排名比我高、比我晉級得快，但是我們兩人都可能同時在進步中、人民的生活同時都在改善中，只是你進步得比我快、你的生活也改善得比我快而已。

但是，真實的情況究竟是不是這樣呢？如果競爭力真的不存在，那為甚麼有這麼多人、這麼多政府真的在意這問題呢？

答案是，克魯明是美國人，難免從美國的觀點看事物。在美國而言，它是全世界最大的市場，所有的國家都朝著它作為中心運轉，譬如說，香港的競爭力的排名比美國高，那又有甚麼相干呢？難道香港這個小小的島嶼的盛衰，能夠影響美國的經濟大局嗎？

就是日本、中國這些大國，它們的出口貨物，也主要是以出口到美國為主，美國不生產這些貨物，留給中國和日本去生產，這就是「比較優勢」。中國和日本的比較優勢再強，也影響不到美國的經濟，更加影響不到美國人的民生，而如果有一天，美國恢復生產這些貨物，也非甚麼難事。

從這個觀點看，所謂的競爭力，對於美國而言，的確沒有多大的意義可言。所謂的競爭力排名的高低，決不影響到美國人的生活質素，更不會影響到美國的經濟增長。

可是，從東亞諸國的角度去看，那又另外一回事了。

要知道，東亞諸國生產的貨物，全都是差不多的產品（中下檔、低科技的產品），攻打的是同一個市場（主要是美國市場），而大家爭取的，都是同一堆資金（歐美的基金和熱錢），換言之，大家是商場上的直接競爭對手，那麼，競爭力在這些國家而言，就不是比較優勢的問題，而是你死我活的競爭問題了。

在你死我活的競爭中，競爭力排名低者敗，競爭力排名高者勝，這是非常殘酷的鬥爭，而甚麼「比較優勢」的高調説話，在這情形下，沒有任何實質的作用。

以生態環境作例子，地球所有的生物，以「共生」的方式生存著，你有你的優勢，我也有我的優勢，理論上，大家須得依賴對方的存在，才能生存下去。如果全地球的生物只剩下一種，這一種也必然無法獨活，因為它必須依賴其他生物，才能繼續生存，以人類為例子，我們必須吃上大量的動物或植物，身體上也有不少的附生生物，來協助我們生存（例如腸內便有幫助消化的細菌）。

但是，在共生的環境下，也有著不能共的例子。例如獅子和老虎均需要大量的食物，才能維持生命。而一處地方能夠產生食物的能力有限，一座山的食物生產能力可能不足一頭獅子之日常所需，更不待説一個獅子家庭了。

正所謂的「一山不能藏二虎」，説穿了，其實就是「生存空間」的問題。現時全球正面臨生產力過剩的問題，當東亞諸國生產同樣的貨物，競爭著同一個市場時，難免出現你死我活的惡性競爭的情況，而在惡性競爭中，力強者勝、力弱者敗，競爭力高者勝、競爭力低者敗，這是沒有得說的，正如在森林中，力強的獅子老虎勝，力弱的獅子老虎敗，也是沒有得說的。

在現時的國際貿易市場中，整個東亞所面對最強勁的競爭對手，便是中國。中國的最大優勢在於人口多，因此人工廉宜，而且人才也多。就算有再多的訂單，中國也能夠接得下，而且成本不會劇增。反觀其他的東亞地方，包括香港在內，經濟一旦急速發展，人工難免急升，因而拉高了成本，遂減弱了競爭力，而中國則因內陸有著大量廉價的勞工，源源不絕的供應過來，這就是中國的優勢。

換言之，如果純從天然資源的角度看，毛澤東說的：「人多好辦事。」自然是錯得不能再錯的策略，但是，如果相信人的生產力必然比消耗的資源為大，純從經濟發展的觀點看，人多是好事，而非壞事。

以大城市為例子，香港比起東京、紐約、上海這些人口以千萬計的大城市來，人口只有七百萬，市場相對也小得多，未免吃了虧。而深圳對香港的威脅越來越大，其中一個重要的原因，就是現在深圳的人口已跟香港相同。由於深圳的人口增長速度比香港快得多，在不久的將來，其人口將會遠遠的超過香港。不消說，其市場總值也很可能更接近香港。

反過來說，如果深圳的人口永遠只是二、三百萬，它將永遠不可能超越香港。

如果一個國家的經濟以出口為主導（東亞國家幾乎全都如此），但又做不到製造高質素、高售價的產品（東亞國家除了日本之外，幾乎全都如此，但日本的高科技產品，例如高解像電視，卻始終打不開市場），那麼，它只能依靠低廉的售價，而低廉的售價則必須倚賴低廉的勞工成本。

中國有十二億人口，其勞工成本可以說是低廉得不能再低廉了。這對於中國的出口事業來說，自然是一項優點。但是，畢竟一個美國市場，只有二億五千萬人口，它對消費品的需求量，決無法令到十二億中國人「人人有工開」，中國要想經濟真正起飛，主要還得靠內銷市場，但這是後話，不表了。

大家知道，香港的人工是內地的五至十倍。這位「中間人」，賺的居然比辛辛苦苦地苦幹、製造出一件又一件的產品的內地人為多，這顯然是一件非常不合理的事。

《詩經．國風．伐檀》說的：「不稼不穡，胡取禾三百廛兮。不狩不獵，胡瞻爾庭有懸貆兮。彼君子兮，不素餐兮。」（不用耕種，卻取去最多的穀物。不去打獵，家裡卻掛著肉類。你是高級人，吃飯『有骨落地』。）這恰好是香港人的寫照！

是的，香港人與內地人分肉吃，最初的時候，正如《伊索寓言》的「獅子的一份」(the lion's share)：獅子和狐狸一起獵食，由狐狸負責分配獵物。狐狸「識做地」把大部分 分了給獅子，因為牠知道，如果不如此，非但自己的一份會給獅子搶掉，自己可能連性命也保不住。

當八十年代初期，中國剛剛開放時，極度需要香港人的資金及技術，如果香港人不回到內地設廠，以中國的生產能力及銷售網絡，根本不足以打開外國的市場，更遑論接外國的定單了。

那時候，香港是獅子，與內地「分肉」時，自然是分「獅子的一份」，因為內地是狐狸，根本沒有討價還價的能力。

但是，大家不妨想想，假如狐狸已強大到足以與獅子相抗衡，牠還會乖乖的把「獅子的一份」交給獅子嗎？

現在的中國，外匯存底的數量已經超過了香港，其生產能力更不待言，遠遠在香港之上，就是在股市方面，深圳加上海的總市值也已超過了香港股市。君不聞乎，香港現時最熱門的題目，就是上海能不能夠超越香港，在這種惡劣的情況底下，香港還能繼續沾沾自喜於自己的生產能力嗎？

固然，香港作為一個金融中心，在幫助中國吸收外匯存底方面的貢獻，是很大的。但是，從總的一方面看，還是香港靠中國，多於中國靠香港。意思是說，中國可以沒有香港，但香港已不可能沒有中國。我們靠中國為生，這是不能否認的事實。而到了這個強弱扭轉、莊閒互調的階段，香港已不可能在利潤分配中，分到「獅子的一份」了。

換種說法，在交易當中，中間人固然是不可以缺少的一環。中間人可以是一間公司內部的營銷人員，也可以是公司以外的，所謂的「來手」是也。中外交易固然需要「來手」，就是香港本土的交易，也往往需要「來手」，來作為雙方溝通的橋樑。

「來手」固然是不可以缺少，但是，他所能在交易中分到的利潤，也不可能是「獅子的一份」。因此，當中國壯大之後，香港這個「來手」，已不可能繼續獲取暴利，因為在這二十年間，中國本身也已培養出一大批夠資格的「來手」，而他們的收費是香港「來手」的五分之一到十分之一，這樣子下來，香港自然沒有競爭力可言。

在這一節完結之前，我們且來總結一下。

香港自開埠以來，最基本的生意(core business)便是當「中間人」。

從宏觀的角度看，在全球資訊自由化（即是獲得資訊的成本越來越便宜）的今天，中間人的出路越來越狹窄。尤其在未來的互聯網世界，資訊的流通更加迅速，中間人就更加難當了。

從微觀的角度看，中國開放了二十年之後，早已獲得了做生意所需要的資金、知識和關係。就算非得要找中間人不可，在中國之內，也大有跟香港人同樣能幹，但收費卻廉宜十倍的人材。

歸根究柢，香港作為中間人的角色，是用最昂貴的成本，去打一個日漸衰落的市場。更加糟糕的是，我們正面對著一個迅速崛起的、強大的競爭對手（中國），而這個競爭對手正是我們一手訓練出來的徒弟；我們懂得的，他全懂，但他能做到的，我們卻不一定能夠做到（內地人比香港人更肯捱、更肯拼搏，已是人所公認的事實了）。

這種「經濟轉型」，正是香港現時所面臨的困境之一。在下一節，我們將更深入地去探討，中國這個強大的合作伙伴，對香港的過去、現在、未來的經濟狀況，所構成的影響，而同時，這合作伙伴也是競爭對手，我們面對這位有著雙重身份的親人，該當如何自處呢？

第七章：此消彼長

第二節 兩兄弟賣豆腐花

內地作為香港的直接競爭對手，不但就「中間人」方面來跟香港競爭，而且，也就著其他的方面，來同我們爭一日之短長。這並非中國政府所故意如此、故意跟香港「搶生意」，而是當內地經濟高速發展後，所必然出現的後果。

首先，香港人感受最深的，莫過於消費事業。

香港的生產本質同中國一樣，都是以出口為主要的「生意」。所謂的出口主導，便是製造出比本土需求更多的貨物，然後將之出口給外國，收回來的，是外匯。東亞國家無論是中國的海峽兩岸三地、日本、南韓，甚至是遠一點的馬來西亞、新加坡、泰國，均是如此，因此，我們也同時累積了大量的外匯存底。

但是，無論是新加坡的三百萬人口、香港的七百萬人口、南韓的五千多萬人口、台灣的二千三百萬人口，抑或是中國的十二億人口，均不可能把全部、或者是大部分的人口，投入在出口事業。基本上，人類每天除了生產之外，還得大量的消費，衣、食、住、行是四種最基本的需要，如果人的口袋有了點錢，還免不了有上其他千種萬種的消費支出。

這所有的需求加起上來，就是本土需求。而一個地區的絕大部分生產能力，都是投入在本土需求之上。

一小部分人投入在出口事業上，已足以養活其他的大部分人口，這得倚賴所謂的「乘數效應」(multiplier effect)。

經濟學上的「乘數效應」，原理是這樣的：社會上的一部分人賺了錢，他們遂把錢放在銀行裡，要不，便把錢花掉。

首先，放在銀行裡的錢，可不是光放不用，銀行付給他利息之餘，還會把這筆錢借貸給別人，以賺取息差。而那位借了銀行錢的「別人」，也會拿這筆錢來作投資，要不，也可把錢花掉。

把錢花掉了，無論是吃飯、看戲、唱卡拉ＯＫ、買手錶鑽戒金筆，甚至是最基本的生活需要「柴米油鹽醬醋茶」，都是消費。消費的同時，相等於也提供了大批就業機會給廚師、侍應、查票員、售貨員……等等。而這些消費事業從業員，也得儲蓄、消費，或者是投資……這樣下來，原來從出口事業賺回來的一塊錢，到了最後，可能變成了三、四塊錢出來，這就是「乘數效應」。

中國除了在出口事業上，成為香港的競爭對手之外，在本土的消費事業上，也是香港的最大競爭對手。

相信每一個香港人都知道，在九七之後，到深圳消費，已經成為了香港最時髦的活動之一。的確，深圳的物價是香港的五分之一，但是，在消費品的質素方面，深圳卻與香港的質素相差不遠。尤其是在羅湖商業城一帶，其產品完全是為香港人的喜好度身訂造，比香港本土的貨物更能吸引香港人，這就難怪香港人到深圳消費成風後，香港的消費事業從此疲不能興。

如果說，深圳消費事業比香港更優勝的地方，只在於其物價極為便宜，這是不恰當也不公平的說法。

事實上，就是單論服務質素，深圳經過了多年來的學習和揣摩，也已有了不少勝過香港的地方。這是我們必須正視的現實。

首先，以食物的水準而言，有很多廚房的工作，需要著大量的人手，例如把菜式雕花、擺設這些「刀章」的工作，的確是「人多好辦事」。而深圳人口多、人工平，在這方面佔上了極大的優勢，因此往往能夠做出香港食肆做不到、或者做得到而做得不好的菜式。

在人口的分布方面，深圳的食肆在某程度上也比香港的食肆佔上了便宜。

香港是個華洋雜處的地方，但是，就華人人口的分布而言，大部分香港人都是來自廣東省，因為香港本來就是廣東省的一部分，廣東人來香港謀生比較容易，言語也通，而在中國共產黨執政後，中國政府和港英政府達成了「抵壘政策」的協議，能夠走水路或陸路偷渡過來香港的，廣東人也擁有甚大的優勢。

另外，香港還有一些上海人，那是四九年後，因為大陸政權變更了，從資本家的國民黨，變成了仇視資本家的共產黨，因此，一些上海的資產階級，非得南下避難不可。除此之外，還有一些福建人，因為福建省在廣東省的旁邊，地理上的接近，令到福建人特別容易來到香港。

香港有廣東人，其中還包括了不說廣東話的潮州人、客家人，也有上海人、福建人，還有大量的「鬼佬」，主要是「英國佬」和「美國佬」，然而，最多的，還是香港土生土長的「香港仔」。別說到現代二十、三十歲的年輕人，就是在我的同輩，像吳光正、曾文豪這些上海幫、福建幫，恐怕多半也是認同自己是香港人，而非上海人或福建人。

的確，他們在香港長大，所謂的家鄉，只是「籍貫」上所填寫的一欄而已，我們真正的家鄉、真正最熟悉、最homely的地方，是香港，而非上海、福建或其他的任何地方，而與我們在意識形態上相同的，是香港人，而非「籍貫」上的家鄉的人。

正如西方的紅茶到了香港，變成了用「絲襪」沖的港式奶茶，上海菜到了香港，也變成了別具特色的港式上海菜，與原產地的味道大不相同了。我們要吃正宗的中國菜，去深圳吃，比在香港吃的更正宗、更地道，自不待言，因為深圳本來就是一個移民城市，七百萬人口全都是來自全國各地的外省人，像湖南菜、四川菜、東北菜，香港的店子不多，深圳卻滿街都是。這也是深圳食肆勝於香港的地方之一。

好了，就算論到服務水準，不計深圳利用人工廉宜採用的「人海戰術」（服務員服侍的人客越少，其服務自然較好），就是就質素而言，深圳也有勝於香港的地方。

論到「話頭醒尾」和「醒目」，以及辦事手腳之快、效率之高，香港人應該是認了第二，沒有人敢認第一的了，直至這一秒為止，內地人在這兩方面依然拍馬也追不上香港人。

但是，內地的服務員也有勝過香港人的地方。

最重要的是，香港人手腳雖快，但服務時的禮貌並不太佳。

以日本為例子，日本人的禮貌是舉世聞名的，甚至連説話，也有「敬體」和「常體」之分：對尊敬的人或陌生人説「敬體」，對熟人説「常體」。固然，大家可以説這種分法既麻煩、又虛偽，但這也表現出了大和民族對於禮貌的重視。證之於服務業，則這種「虛偽的禮貌」令到日本成為了有名的服務民族，雖然假是假了一點（日本人對別國、別種人的裡外有別、敬而遠之也是有名的。他們很難會把外人接受成為自己人），但由於戲做得好，也令客人有如沐春風之感。

歐美的服務態度雖然稍遜，但是由於這些文明地方的公民教育甚佳，人民普遍和藹可親，很多時在街上踫見「三九唔識七」的人，也會打招呼説聲「Hi」，證之於服務業，服務員也常常用友善的態度去面對客人、跟客人談話，這並非西方人的服務態度甚好，而是他們的公民教育甚佳、公民質素甚高之故。雖然這種關係太真了、太平等了，主客的分別不太明顯，但大家早接受了歐美人的平等觀念，接受這樣的服務態度，也很令人舒適。

至於中國大陸，「賣點」又是另外一套。

經過了三十年「毛式共產主義」以及「十年文革」的熏陶，中國人一方面大說「假、大、空」話，一方面卻堅持反對虛假，不准說禮貌話、客套話即是其中之一。學生對老師無禮、兒子對老子無禮，何況是對其餘的人呢？那還用說，當然是更加沒禮貌了。

中國人雖然沒有禮貌的傳統，也沒有甚麼公民教育，然而，他們卻有一些別的民族沒有的好處，就是服從性較強，如果用難聽的說法，就是奴性較強。

基本上，大和民族的服從性也很強，也許比中國人更強，因為凡是注重集體、注重團結，而不注重個人的民族，其服從性都強。可是，大和民族服從的是整體，而中華民族服從的卻是上司。對了，就是這樣：中華民族的階級性很強，所以，下級服從上級的態度，有點像奴婢服從主人。

證之於服務業，內地服務員的服待客人，可以極度服從、順從，說得直接一點，簡直是卑躬屈膝，比之於香港，如果說我們的是「服務員」，他們的便是「奴婢」，這種說法也許誇張了一點，但卻是容易理解的形容。

口裡多麼贊成人人平等的人，如果被人卑躬屈膝地服待，也有如沐春風的感覺，而且，很快就會習慣。因此，在西方長大、過慣平等生活的老外們，到了香港，多半也會請一個菲傭，過一過當「master」的癮頭。

內地人像奴婢一般的服務態度，香港人既不可能做得出來，你也可以說，這對中國人的民族自尊、獨立思考，大有障礙之餘地。然而，這對內地的消費服務業而言，卻有著正面的幫助，也加強了其競爭力。

內地人憑著奴僕式的服務態度，贏遍了香港的服務業。我們可以說，這種服務態度對中國人的自尊不利，我們也可以說，這種服從的意識形態有礙中國人獨立思考的思維發展，對國民的創造性大有障礙，但就實用性、就服務行業而言，這的確是取勝的法門。

此外，深圳在八十年代，不過是一個小小的農村，跟今日中國荒涼的大西北沒有甚麼分別，人口只有寥寥的數萬人。但是到了二十年後的今天，它已經是一個擁有七百萬人口的超級大城市了。

這新多出來的七百萬人口，差不多全是移民，來自中國的各大小鄉村城市，南下深圳碰機會。

經濟學的實證研究數字顯出（自然是美國的統計數字），移民的平均收入比本地人高。原因很簡單，移民初來到，生活條件和謀生本錢雖然不如本地人，但是正因為他們身無長物，其拼搏精神也就更高，因為本地人失業、或者生意失敗，還可以依靠親戚朋友去接濟，一時三刻也無餓死之虞。但是移民隻身來闖天下，失敗了便退無死所，自然比任何人更有拼搏精神。

事實上，在整個中國，包括了上海、香港在內，最勤力的工人是在東莞、深圳一帶，這些人的工作熱誠，也許只有五十年代的香港人可相比擬。

此外，移民還有的優點，是他們的冒險精神。沒有冒險精神的人，哪裡敢千里迢迢、隻身到異鄉碰機會呢？

最後，移民的個人條件和素質，也必定比一般人強。因為你如果自忖競爭能力不算強，又怎敢獨個兒到陌生的地方碰機會呢？以深圳為例子，它的人口中，女性的比例佔了大多數，因為女性謀生比較容易，服務員也以女性為主，而這些女性當中，其容貌的質素，也比全國的平均人口要來的高，皆因美貌女生的「市場價值」比較高，更容易找到工作。

深圳作為一個移民城市，其市民無論在謀生本錢、拼搏精神方面，均會勝於全國的其他地方，因此，它在經過了二十年「苦練」的今天，終於修成正果，成為香港的第一號競爭對手，也就毫不為奇了。

這些從外地移居深圳的中國人，有些賺了幾年錢，便回家鄉娶妻、嫁人、買房子、搞小生意去了。因為深圳的人工水平在香港人眼中看來雖低，但在內地而言，卻是最高，甚至比上海還高出了一截，比起中國內陸的其他地方來，更是高出了一倍還不止。

而且，更重要的是，在深圳、東莞這些以移民為主要勞動力的城市，其員工福利也就不同於香港、上海這些地方。最大的分別是，深圳、東莞的公司（尤其是勞力密集的工業，例如工廠、酒樓）多半一併提供伙食及住宿，員工只管上班，所有的交通、住宿、伙食費用全免，賺到的薪金，100%都可以儲蓄下來，或寄回家鄉（理論上如此，但真實做不做得到，又是另外一回事了）。

我們可以想想，一個勞動階層在深圳，如果月入五百元，那是完全可以生活得好好的，因為他平時可以白吃白住公司的，一毛錢也不用花。而每個周日，則可以花用一百元，吃喝玩樂，生活也可過得去。反觀在香港，一名工人月入五千元（深圳的物價大約是香港的一成半至二成，接近香港的羅湖商業城和東門一帶比較貴，「內陸」則比較便宜），如果把「購買力平價」(purchase power parity)也計算上去，香港的五千元多於深圳的五百元，但是，香港的工人卻比深圳的更難以生活，正是因為前者必須支出衣食住行諸般費用也。

正是如此：深圳賺錢容易，人流也急，在深圳找不到工作的人，非但沒有錢，連住的地方也沒有了，只有執包袱回鄉下的份兒。這種快速流動的模式，令到深圳不停加入新的人口、新的元素、新的思想，變化比香港更快，自然也更能適應變化多端的世界。

以香港人熟悉的羅湖商業城為例子，它的店鋪主要是以香港人為銷售對象，口味全是以香港人的消費模式為依歸，甚至連收費也是收港幣。它的在九七後突然興起，正是對香港消費業的一大挑戰。

在香港，縫製一張窗簾，大概需時一星期，有時候還不止。但在羅湖商業城，如果在早上把窗簾的尺寸給店員，在你花了六、七個小時在深圳吃喝玩樂之後，回家之時，便可以把縫製好的窗簾一併拿回家，而且，價錢只是香港的一至兩成。

羅湖商業城的高速縫製窗簾，顯然並不止是因為它的人工廉宜，可以聘請大量人手（固然，這也是原因之一），更重要的原因，是它比香港的窗簾店子更能找到適合這市場的生存方式，而不是讓市場去迎合自己。

事實上，羅湖商業城的租金並不比香港的二、三線商場便宜，只是它的人流極高，才能抵消其昂貴的租金。在那裡，店鋪的汰弱留強、新陳代謝極為迅速，如果不能適應市場的，也承受不起這樣昂貴的租金，很快便要結業離場。

在經濟學上，困難的生存條件（例如昂貴的租金，或高昂的走後門、賄賂代價），相等於極高的交易費用，企業要在這種惡劣的客觀條件下生存，必須有超高的生產能力，也只有競爭力最強的企業，才能生存，而條件不足的企業，則只有被擠走的分兒。這叫作「擠走效應」(crowding out effect)。

羅湖商業城相等於香港的中環置地廣場的店舖，租金在當地來說是最昂貴的，其「擠走效應」也最見功，只有競爭力最強的店舖，才能生存下去。

至於説深圳除了正當的消費事業之外，還由於中國法律的不嚴，尚有許多香港所不能做到的「地下經濟」，例如港人最喜歡到深圳購買的翻版CD和VCD，儘管這是既不合法、也不道德的行為，奈何香港不守法、也無道德的人實在太多了，這些翻版貨雖然價廉物不美，但由於擊中了香港市場所沒有的空隙，也吸引了大量香港人的光顧。

更不待言的，是深圳的「三陪事業」。

近年大行其道的進化生物學理論告訴我們，人類生存的最大目的，是把自己的基因遺傳下來，越多越好。因為「留種」越多，自己的基因能夠遺傳下來的機會率便越高。

根據這個理論去推論，男人要繁衍最多的後代，最好的方法，便是找最多的女人去交配，而交配的女人越多，自己的後代便越多了。反觀女人，一生能夠生下的子女有限，頂多不過十個八個，所以，她必須慎重考慮自己的交配對象，以免浪費了自己寶貴的卵子。

因為男人有了這個好色的天性，口袋只要有錢，便會萌生找女人的慾望。偏偏，世間上男人和女人的數目差不多（為何男人和女人的數目差不多，而非女人比男人多出一百幾十倍——這樣子，男人便不用爭奪女人了——這其中，有複雜的數學公式去解釋原因，不多贅了），因此，男人就算有更好色，也沒有滿足好色的途徑，只有一小撮有財有勢，或者極有魅力的男人（例如紅歌星、名運動員之流），才能有機會得到多於一個女性的垂青。

但是，由於內地的生活條件遠比香港為低，令到香港男人的魅力相對於內地男人而言，平均水準大大的勝過。另一方面，正如前面所言，在深圳，女性的數目遠比男性為多，而且，漂亮的女性的平均數目，也比全國的平均數為高（這也是一種「擠走效應」）。

男人只要一旦口袋裡有了點錢，或者有了勢力（而這兩種事情往往是不可以分的，誰敢說江澤民口袋沒錢？誰敢說李嘉誠沒有權力？），第一件事，多半便是找女人。別說到這麼遠，就是近在澳門，也是娼妓遍布，蓋所謂的「錢銀女人」，男人只要贏了錢，口袋裡有了錢銀，便非得要女人不可了。

整整的五、六、七十年代，東南亞國家都是貧窮地區，而歐美（後期加入了日本）則是富庶國家，難聽地說一句，從五十年代的日本，到之後的香港、台灣、泰國、菲律賓，那一個發展中國家不是「娼盛」發達，也對經濟和外匯提供了極大的幫助。先進國家的男人去嫖落後地區的女人，幾已成慣例，你可以說這是不道德，但這確也是客觀的事實。

內地與香港的情況，又有點不同。

外國人到東南亞尋歡，畢竟需要遠渡重洋而來，飛機「水腳」也不在少，所以不能成為習慣。以美國為例子，它雖是全世界最最富裕的國家，但是擁有護照的人，也只佔了全國人口的二成而已。

但是，在香港，恐怕現在已經沒有甚麼成年人沒有回鄉證的了。回內地既方便、又快捷，而且，交通成本又廉宜。兩地相隔這麼近、而生活水準相差又這麼遠，這令到內地的娼妓問題嚴重的影響到香港。這是其他先進國家的好色男人們所沒有遇上的「機緣」，也造成了其他地方沒有遇上的大難題。

由於深圳有著女多男少的「城市特色」，加上香港人的收入及消費能力均比深圳人高出六、七倍，香港男人能在深圳找到的女人，無論在質素上和在數量上，都遠比香港女人為高為多——以「相同成本」來作比較。所謂的「成本」，包括了追求、維持感情和性關係所花的時間和金錢——換種説法，這並非香港的女人比內地的女人質素為差，而是兩者各有優劣，如果加上大家同是香港人，同文同語同文化等等溝通上的方便，香港女人應該比較適合香港男人，但是既然追求和維持香港女人的成本遠較找內地女人為高，因此，這就難怪香港男人捨難取易，北上尋歡成風了。

正是廣東俗語所云：「有女跟女，無女跟大隊。」現在的情況卻是深圳既有女，也有大隊，香港男人北上成風，也就不是奇怪的事了。

所謂的「食色性也」，一個正常人的日常消費，究竟有多少是與男女之事有關的呢？

以看電影為例子吧，電影觀眾之中，少説也有三、五成是拍拖進場的男女，卡拉OK固然是一大堆人的「大圍」活動，但是如果單單是全男班，或者是全女班，又有多少人會去「唱K」呢？而男女拍拖吃飯，更加是必不可少的行為，男和男、女和女之間，固然不是不吃人間煙火，人人都需要吃飯，但是吃好的館子，還多數是追求手法之一，你總不會無端端「AA制」去吃燭光晚餐罷？

以上的分析説明了，在一般人的日常消費當中，男女交往的支出佔了一個極重要的部分。

既然香港男人的追求對象很多都轉移到了國內，他們花在「溝女」——在大概是十多二十年前，「溝女」雖然並非粗口，但卻是一個很俗的俗語，普通女性不會使用這詞語。但到了今天，「溝女」已變成了一句「入得廳堂」的用語，連很斯文的少女也不避忌地在公眾合大説特説了——的消費，更是非得花在深圳不可。

我們並不扮道學，而是現實地正視問題的癥結：深圳女人的確搶掉了香港不少的消費生意。其中利用廉價飲食和貨品來招徠的，是正當的爭生意手法，而深圳女人令到香港男人乖乖的把身、心和金錢繳上，香港女人只能嘆一句技不如人、時不予我，也沒甚麼法子，但更殘酷、也更不道德的事實，卻是香港男人北上找「三陪」、北上嫖妓、北上「包二奶」，而以上的三種 sex-related的服務，在香港是價錢極高昂的高消費玩意，只有富人才玩得起，卻給深圳以「低成本、低售價」把「生意」全都搶過去了。

以「陳健康事件」為最好的例子：他本來是一個低下階層，正常來說，應該過著普通一名低下階層的生活，與妻兒相依為命，周日同家人喝喝茶、偶爾嫖嫖妓，日子便過去了，但正因為北上尋歡成了癮頭，連妻兒也不顧了，索性把整份薪水都花了在內地。

「陳健康事件」說明了深圳對香港消費事業的威脅，不單搶走了香港消費事業的「餅」，甚至連其他分的內部消費（即是陳家的家用），也受到了影響。

簡單直接的說法，是自八十年代起，珠江三角洲的工業崛起，首先令到香港工業的空洞化（在五十、六十年代，工業，尤其是輕工業，曾經是香港經濟的支柱。由於當時的新中國對西方採取了閉關政策，香港作為「中間人」的角色大為減弱，工業遂乘時而興）。所謂的「空洞化」，指的是在香港的工業公司雖然仍然存在，但其生產線卻已經逐漸移上內地，香港只是公司的註冊地和利潤的所得地，再多一個，就是銷售中心而已。

作為公司註冊地、利潤所得地和銷售中心，在金錢數字上，香港的所得比起以前只多不少，但是，由於生產線已經移往內地，能幹的工人因而有多的機會升上管理的職位，去用港式管理內地的員工，但畢竟，能幹的工人少而普通的工人多，而內地的工廠再大、工人再多，管理職位畢竟有限，香港的工人職位遂變得越來越少，對就業率造成了極大的壓力。

幸好的是，香港能夠及時轉型，把自己從工業城市，變成以服務業為主的城市。而其中一項最大的經濟部門，就是消費行業。

問題是，當深圳的消費行業崛起後，由於它們事事以香港為師，而且，最初的時候，很多老闆和管理階層還是香港人。有這些香港人「裡應外合」，聰明的深圳人更深諳「教識徒弟無師傅」之道，當深圳的消費事業「上位」後，香港遂身受了極大的壓力。

我常以一個小故事解釋香港與內地的經濟關係：很久以前有兩兄弟各自擔了一桶豆腐花到城門的兩邊擺賣。傍晚，兩兄弟收檔回家，他們的母親看到二人的豆腐花都賣清光，非常高興，問他們共收到多少錢，他們說：「收到一文錢。」母親聞言大感不解，問二人為其麼豆腐花賣光會只收到一文錢呢？原來，兩人的豆腐花是這樣賣光的：哥哥先拿一文錢去弟弟的攤檔買了一碗豆腐花，然後弟弟又拿著這一文錢到哥哥的攤檔買一碗豆腐花，哥哥拿到一文錢，又將錢拿去買弟弟的豆腐花，如此類推，兩人互相買光對方的豆腐花，而由始至終，用的都是同一文錢。

現在香港人北上享受國內的消費服務，內地人賺港人的錢來香港買名牌掃奶粉，香港與中國其實就是這對賣豆腐花的兄弟。

香港是個金融和出口主導的經濟體系，但是，金融和出口畢竟無法提供足夠的就業機會給所有的就業人士、養不活所有的人口，其中大部分的人口，還得投身於消費行業，依靠內部消費來維生。

金融和出口事業的人要消費，消費事業的人也要消費，每一元花用了之後，得到這一元的人也會把這一元花了出去，於是，一元往往變成了許多元，這種情況，叫作「乘數效應」。

沒有了「乘數效應」，一處地方的生產力將會大減，因為很大部分的工作機會是靠著「乘數效應」才能產生。

當深圳崛起後，香港人北上消費成風，本地的消費事業北移，養活香港不少人口的消費事業登時萎縮，而同時，「乘數效應」也因而受到了影響，造成了惡性循環，消費事業更加是一蟹不如一蟹了。

這即是說，金融風暴之後，儘管每個行業都受到了影響，但是，消費事業是影響最大的一環。這形成了從事這行業的人的「受創」特別重，既影響了香港的經濟，也加深了貧富懸殊。這就是香港現時所面臨的困境之一。

第八章

時移勢易

第一節 楚河漢界

從二〇〇〇年到現在，香港跟隨著世界的大趨勢發展，出現了新的局面。二十世紀末、廿一世紀初，這數十年間最重大的事件可說是中國的興起。及至二〇一〇年，中國的經濟若以生產者物價指數（Producer Price Index, PPI）（註一）來計算，已達美國的六成，即使以貨幣對比計算，也有近四成，無論以任何方法計算，中國已是世界第二大經濟實體。

中國的近代化，是人類歷史上的一件大事，加上同期印度的經濟亦正在急劇增長中，兩地佔了全球人口的百份之四十，其影響是過去歐美近代化所不能比擬的。

環顧中國近代化之路，由鴉片戰爭至現在，中國曾出現過幾波的現代化浪潮。第一波是洋務運動（註二），主要希望學習西方的科技，但核心和制度上卻不會改變。然後是變法運動（註三），認為政治制度需要作出適當的改變，方能令國家現代化，與歐美競爭，終於發展成革命。後來，五四運動（註四）展開，人們開始認為在思想文化上都需要作出重大改變。

在這階段，中國其實也有過一些輝煌的歷史，所謂「黃金十年」，就是指一九二七至一九三七年，中國的經濟增長速度非常快，可惜不幸被日本侵華打住了。及至一九四九年，共產黨解放後所發生的事情相信大家已很清楚，中國經濟基本上有三十年停滯不前。

然而現在回顧過去，在這三十年的停滯期間，毛澤東厲行的社會主義制度，雖然在財產及人命上造成了許多無謂的犧牲，但社會主義並不是完全沒有它的優越性。社會主義為中國帶來了兩個成果：一、中

國識字率大增。共產黨推行的政策令中國的識字率高達九成。二、醫療的完善及普及，例如文革時期的赤腳醫生（註五），就令中國人民的壽命大大增長。

中國人民死亡率降低以及嬰兒存活率增高，自然造成人口爆炸。於是，改革開放時便開始採取一孩政策。因此，自七十年代至今，中國產生了重大的「人口紅利」。所謂「人口紅利」，就是在未實行生育控制前出生的嬰兒已經成長，開始為社會帶來生產力，但同時出生的嬰兒卻不斷減少，社會消

註一：生產者物價指數（Producer Price Index, PPI）：由食品、能源、資本設備及消費用品等四大項所構成的指數，主要的目的在衡量各種商品在不同的生產階段的價格變化情形，是影響未來通貨膨脹的變化重要指標。

註二：洋務運動：清廷經歷兩次英法聯軍戰役失敗後，清政府對解決內憂外患，主張「師夷長技以制夷」，以「中學為體，西學為用」，只學習西方的「船堅炮利」及現代工業，希望清維護清政府統治，中國現代化的第一步。

註三：變法運動：光緒皇帝曾領導一場改革運動，提倡君主立憲制，並在經濟、教育、軍事、政治、官僚制度等多個層面進行改革。唯變法僅經歷一百零三天而告終，史稱「百日維新」。在義和團事變，八國聯軍入侵首都北京，被迫接受八國聯軍提出的《辛丑和約》。清廷不得不進行變法，於是在一九〇一年，進行改革，是為「晚清改革」。

註四：五四運動：一九一九年的五月四日的一場愛國運動。事件源自起因在一次大戰完結後列強在巴黎和會中，把德國在山東的權益轉讓給日本，北京的學生於是示威遊行、罷課、罷工、罷市，甚至毆打官員。廣義上，五四運動也是該時期中國知識界和青年學生反思中國傳統文化，提倡新文化，追求「民主」（德先生）及「科學」（賽先生）的一場新文化運動。

註五：赤腳醫生：指一般未經正式醫療訓練、仍持農業戶口、一些情況下「半農半醫」的農村醫療人員。

六四擋在坦克前的人

耗在撫育兒童的成本極低，這個結構是最有利於經濟發展的。

這是造成中國經濟自九十年代以來，幾乎持續達8%至10%增長（註六）的重要因素。

中國經濟的持續高增長，是世界經濟的一項奇蹟。基於中國識字率增加、人口壽命增長、人口紅利現象、改革開放、引入外資、技術革新、容許私產存在等一系列的因素，終於令中國經濟在過去三十年間，向現代化邁出極大的一步。

尤其有趣的，是中國竟變成了世界工廠。歐美市場的貨品，尤其是平價品，大部分都是由中國製造。中國不斷輸出貨品，卻不會買入貨品，因此造成大量的外匯儲備。及至二〇一〇年底，中國的外匯儲備已累積至二萬八千億美元。古往今來，只有中國人民才會儲蓄如此大量的財富而不花，反而大量購買美國債券，借錢予美國不停繼續購買中國貨品。

任何人去考慮現時的國際局勢，都必須要考慮中國的改變。如要從香港的角度出發，則要考慮這改變對香港有甚麼樣的影響。這改變在一九八九年為香港帶來了一次陣痛——「八九六四」事件，繼而催生了香港的泛民聯盟陣線。泛民陣線出現帶來的結果，是北京對香港產生了極大的戒心，令雙方距離拉遠。

自八九年至今，中國陸續富起來，香港的實際情況是越來越多人需要到國內工作或做生意賺錢。尤其是香港的生意人，與國內的關係更是千絲萬縷。另外，許多專業人士亦可以回國內工作，例如國內公司要到香港上市，便必須聘請香港的核數師核數。

因此在這情況下，要香港人維持對中國的抵抗是非常困難的。

自二〇〇三年開放自由行，越來越多國內人來港消費，甚至買樓投資之後，香港人對中央政府的抗拒逐漸不如以往般嚴重。雖然如此，香港卻竟然長期有六成人支持民主，無論中央如何扭盡六壬，依然是水淹不過，火燒不成灰，企硬六四比例。我認為這現象並非出現現實的考慮，而是只要與國內的利益關係不是太密切，香港人對某種價值觀還是會堅持的。

中國經濟日漸興旺，中國人理應更有自信。如今國內同胞來港消費，不少都顯得財大氣粗，取代了八、九十年代日本人和台灣人的地位。但是中國政府卻不然。中國政府已進入了後革命時代。革命時代是產生魅力領袖的時代，後革命時代則是官僚統治的時代。由毛澤東到鄧小平，由鄧小平

註六：國家統計局副局長許憲春撰文指改革開放三二年，中國經濟年均增長9.9%，創造了世界經濟增長史的奇跡。其中，一九八一年到一九九〇年，年均經濟增長9.3%；一九九一年到二〇〇〇年，年均經濟增長10.4%。

到江澤民到胡錦濤，然後到習近平，集團領導的味道越來越濃，再不是由一個強人來一錘定音。政治局常委就如一個董事局，雖然主席權力較大，但基本上所有決策都需要所有董事同意，是一個寡頭領導集團（註七）。於是，要作出任何政策上的更新都是非常困難的，不能像以往一般，經常在政策上作出戲劇性的轉變。

其次，由於國內日漸富起來，因此造成嚴重的貧富懸殊，以及一班龐大的利益集團。這些利益集團在地方擁有強大勢力，甚至令中央部分政令不能徹底執行。而他們尤其喜歡透過土地來搜刮地方財富，於是近年因拆遷而起的暴動事件可謂無日無之。

另一方面，貪官污吏包庇各種不合法的經營，例如不合規格的礦場、嚴重污染環境的工廠等，甚至執法不公，令無數人冤死獄中。但同時因為互聯網和流動電話的興起，國內通訊傳播速度大增，於是官民之間的衝突日漸嚴重。近年國內動輒發生包圍公安局、搶屍體等事件，經常要出動特警鎮壓。

這些情況越嚴重，北京政府便越覺得需要收緊意識形態上的控制，變得更加保守，更加不敢作出改變，而這種保守的風氣當然也會影響香港。

北京城市新面貌

話說回來，在過去三十年間，中國可說已達到現代化和繁榮的境界。今日放眼中國各大城市，滿目皆是先進的高樓大廈，昔日舊中國的影子幾乎已蕩然無存。這實在是一項難得的壯舉，因為所有歷史悠久的國家都必然擁有許多傳統，例如埃及和土耳其等國家，雖然非常貼近歐洲，理應早受到歐洲文化影響，然而實際上卻仍然無法擺脫其傳統。中國卻只需要百多年，便將五千年傳統文化忘記得一乾二淨。不得不敬佩，中國共產黨就如一帖猛藥，熬得過的話，便能浴火重生。

如果在一九四九年之前與任何一個中國人談話，都不難發現他們很喜歡將仁義道德掛在嘴邊。這全是受到中國五千年的文化影響，仁義道德早滲透在日常生活裡。但是這個特色在現今中國社會已完全消失。仁義道德在中國幾乎不再存在，全是共產黨的偉大功勞。

中國文化是一種非常獨特的文化。所有傳統文化都是依附宗教的，只有中國文化是無需依附宗教而存在。周朝消滅商朝後，由於雙方所崇拜的神祇不同，於是周王放棄統一崇拜的神祇，轉而將宗教世俗化和儀式化，意圖用一套儀式取代宗教。而這一套儀式就是「禮」。

其他依靠宗教而存在的文化，其信徒會懼怕因為做了不道德的事而受到神的懲罰。宗教的其中一個重要任務，就是賞善罰惡，實施世俗的道德。而「禮」成功統治中國超過三千年，若禮消失，中國人所有的顧忌也會同時消失。當中國人再無道德上的顧忌，為了賺錢可以不擇手段，甲醛可造酒，地坑油可煮菜

註七：寡頭領導集團：大部分權力掌握在一小撮特權階級手上。美國主管東亞與太平洋事務的副助理國務卿謝淑麗（Susan Shirk）認為中華人民共和國目前是寡頭政治。

時，中國經濟當然能夠騰飛。

近年中國經濟持續發展，有賴中國是一個既聰明又勤力的民族。一個農村出身的工人，只要很短時間便能掌握應有的技術，成為一個熟練的工人，生產力不遜於香港工人。相反，有朋友到泰國和印尼設廠，卻花了十多年也無法使懶散的東南亞工人變得準時上班、做事勤快和懂得靈活變通。

中國的對外企業大部分是民企。這些民企通過外銷貨品賺取外匯，但由於民企間的互相競爭，加上港澳商人投資，他們真正的盈利並非很多。而國內非對外的事業，如能源、金融機構、電訊等，大部分仍然是由國家企業經營。在國家政策之下，這些國企基本上壟斷了整個市場，因此它們所賺的是天文數字，成為世上最龐大的公司。

透過公司上市及股票獲得利益，是國內貪官污吏的利益泉源之一。他們亦發現，由於國內缺少投資渠道，當人民儲蓄達一定的水平，貨幣增長極為迅速時，資金最好的出路就是購買房產。加上人民對改善生活質素的追求，土地逐漸變成一切利潤的泉源。

中國政府的收入有頗大部分是來自17%的增值稅（註八），而所得的增值稅，中央會與地方攤分。於是，掌握土地使用權的地方官員在最初以低價向廠家出售土地，吸引商人到該地興建工廠，以增加增值稅的收入。然而，中國漸漸繁榮起來，物業有價。於是地方官員便用各種公用藉口，將土地收回，然後再售予與自己有關係的地產公司。

這種做法漸成為地方政府的主要財政來源之一，而在轉售過程中，官員更容易上下其手，賺取暴利。因此我們便會明白到為何近年因拆遷而起的衝突會如此嚴重。

國內地方官員要在土地買賣中上下其手，首先必需從人民手上廉價收回土地，因此賠償必然不足。何況土地為集體擁有，賠償容易被中間幹部侵吞，真正落到人民手上的只佔其中極少部分。

在賠償不足的前提下，官員以廉價回收土地，再售予有關係的地產商發展出售，當中形成的利益鏈，就是造成國內近年不停有因拆遷而發生嚴重衝突的原因。

另一方面，幹部有了財富，同時又擁有權力，加上國內對官員的權力沒有制約，於是逐漸出現地方幹部欺凌百姓的情況。而且不僅幹部官員欺凌百姓（如鄧玉嬌案）（註九），連幹部的子女也開始可以欺凌百姓，所以才有「我爸爸是李剛」（註十）這種故事發生。

百姓到法院打官司，卻發現所有法院均受共產黨指示，一切權力均歸於共產黨。於是一些不服判決的人，便開始不斷上訪（註十一）。然而即使上訪得值，中央的判令地方一樣可以不執行，而且官員互相

註八：增值稅：現在增值稅已經成為中國最主要的稅種之一，增值稅的稅收收入佔中國全部稅收收入的60%以上，是最大的一個稅種。增值稅的基本稅率為17%。而部分貨物可享有13%的低稅率，包括糧食、自來水、燃料、圖書、報紙、雜誌、農業用品等等。

註九：鄧玉嬌案：鄧玉嬌為野三關鎮「雄風」賓館服務員。於二〇〇九年五月十日晚，鄧玉嬌因拒絕為幾位官員顧客提供「特殊服務」，衝突期間因正當防衛而意外刺死、刺傷鎮人民政府人員。事件引起網民熱烈討論，主流意見多是同情及聲援鄧玉嬌。

註十：「我爸是李剛」：河北大學校園裡，二〇一〇年十月十六發生一宗導致一死一傷的醉酒駕車。肇事車主撞到人後，繼續前行，遭學生及保安攔下後，卻說：「看把我的車刮的！你知道我爸是誰嗎？我爸是李剛！有本事你們告去！」。「我爸是李剛」引起網民憤慨及關注。

層層包庇，漸漸地，上訪又變成了另一個非常嚴重的社會問題。

為避免上訪問題惡化，政府開始轉以維穩（註十二）作為政策目標。地方政府千方百計不准許大小問題上報，唯恐事情鬧大會連累自己烏紗不保。但這樣做其實卻是在縱容那些欺凌百姓的人，使他們更加肆無忌憚，形成一個惡性循環陷阱。同時，由於流動電話網絡的開通，各地人民訊息聯繫改善，於是又變成了網絡訊息與國家專制官僚的大比拼。而這些問題亦嚴重影響香港。

中國經濟不停改善，香港唯一的出路是背靠中國，與中國經濟融成一塊。但另一方面，香港要繼續繁榮，便要盡量維持香港獨有的優勢，使投資者即使知道香港工人薪酬及物價都比國內高，依然選擇香港。上述兩項要求若要合而並存，首先要盡力減低香港與中國之間的貨物與人才流通的障礙，令香港能分享中國經濟所生產的好處。

自從〇三年開放自由行後，大量國內人來港購物的其中一個原因，是香港有一套歷史悠久的追究制度，保障消費者購買的貨品的真偽。而且香港商戶非常注重商譽，不會冒險售賣假貨，因此某些貨品，如奶粉、黃金、成藥等，國內人認為必須要來港購買。

其次，香港是一個重大的貨品集散地，各地名牌在香港分店的貨物，無論款式、品類和存貨都較其他地區齊全。另一點非常重要的，是香港不設銷售稅，國內則有17%增值稅，單是這個稅項的差異，已有足夠理由支持國內人民不斷到香港消費購物。雖然香港的租金較高，但總體來說名牌貨品的價格仍是比國內相宜。

上述的優勢能否維持，很大程度取決於香港的體制能否維持。在盡量打通國內經濟、貨物和人才交流的脈搏的同時，我們必須維持香港的核心價值。尊重自由、公平和法治等核心價值，正正是香港可貴的地方。

有人說香港是「金融之都」，也有人說香港是「旅遊之都」，甚至是「盛事之都」、「美食之都」……其實香港是國內人的「花錢之都」。許多人心底裡都明白，只是不敢宣之於口。

不少國內的有錢人喜歡將錢存放在香港，因為在香港，只要不能証明那些錢是因貪污得來，即使被定罪，也不能充公財產。而且香港的經濟體系龐大，加上外資銀行奉行保密政策，要追查客戶資料與資金來源有一定的難度。

另一個國內人要到香港的理由是有關人身安全的問題。在中國，即使富甲一方，一旦失勢，總有這樣那樣的藉口將你拘捕。在香港卻沒有這樣的問題。因此他們感到人身安全能得到保障。其次的原因還包括香港的治安較佳，以及香港擁有言論和行動等各式各樣人身自由。在香港，你可以戴著名貴的金錶到最龍蛇混雜的地方閒逛而絲毫無損，但在廣州的話，能戴著金錶在街逛上半小時沒有被搶，已是非常厲害。

註十一：上訪：或稱信訪，是中華人民共和國特有的政治表達及申訴方式。按照官方定義，信訪指中華人民共和國公民、法人或者其他組織採用書信、電子郵件、傳真、電話、走訪等形式，向各級政府、或者縣級以上政府工作部門反映冤情、民意，或官方（警方）的不足之處，提出建議、意見或者投訴請求等等。為處理上訪事宜，中華人民共和國國務院辦公廳專門設立有國家信訪局，各級政府、人大及政協也設有信訪辦公室。

註十二：維穩：即維持社會穩定。胡錦濤溫家寶時期提出「穩定壓倒一切」，維穩成了中國共產黨的優先任務。因近年官員腐敗加劇，社會貧富差距日益擴大，人民基本權利得不到保護等原因，同時信訪等法律規定的申訴渠道作用微小，底層人民不得不頻繁作超出法律規定的反抗，政府為了維護社會穩定，對這些活動持不支持甚至強硬打壓的態度，即「維穩」。

國內曾有統計發現，有七成中國人在過去五年曾遇搶劫或偷竊。

除此之外，另外兩個吸引國內人到香港居住的重要因素，第一，是香港的教育制度。在中國，所有人都接受劃一的義務教育，較好的教學機構學費非常昂貴，欠缺中等質素的學校可供選擇。相反，香港政府提供的免費教育雖然不是頂級，卻依然有相當高的水準，而且在港受教育，英文水平較高，有利與外國接軌。

其次就是香港擁有完善的醫療體系。一般情況下，即使身無分文，公立醫院也必須免費提供治療。但在國內，醫院基本上全是「私營企業」。如果沒錢，絕對會做得出見死不救的事情。他們會為謀取利潤而為病人濫做各種體檢，手術前要求病人付紅包等，在國內是屢見不鮮。而最重要的是，香港繼承了英國訓練醫生的嚴謹傳統，醫療人員和服務質素較國內平穩得多。香港的醫療水平不單與國際接軌，在某些專科領域甚至已達世界一流水準。

因此國內人若想移居外地，他們會發現世界上最好的選擇是香港。因為到其他國家會言語不通，恐怕會被外國人欺負。而在香港，不僅大家同是中國人，沒有語言的隔膜，而且他們認識對香港有影響力的人士，不怕孤立無援。在近幾年間，香港存款額不斷上升，樓市買家亦源源不絕，出現「倫敦化」或「曼克頓化」。中東或東歐人發跡後特別喜歡到倫敦及曼克頓購買物業，視之為身份象徵，搶高兩地樓價。這個情況與國內人到香港買樓差不多，不少在國內富豪均視在港擁有豪宅為時尚，而出於安全感關係，又特別喜歡聚居在同一區域，造成西九龍沿海樓宇價格可媲美半山豪宅。不過西九豪宅入住率不高，因為國內人買樓不過是用作裝飾炫耀而已。

相信在過去十年，不少人都開始感覺到，香港人逐漸不及國內人富有。這種感覺令不少香港人感到戚戚然，但這其實不過是與鄰居比較比輸了而不好受而已。香港人的收入實際上比過去多，但是國內人財富增長比香港人更快。店裡最昂貴奢華的貨品的買家全都是中國客，百多萬買一個手袋，中國貴婦刷卡絕不手軟。於是香港人對國內人漸由看不起轉為少許驚畏，反過來國內人就有時會由敬佩香港人轉為視香港人為「港燦」，沒甚麼了不起。

近年香港經濟發展放緩，其實是一個必然的現象。當一個地方經濟成熟至某個程度，增長便會減慢。因為即使增長的絕對銀碼相同，由於基數變大了，得出的百份比亦會降低，這是極簡單的原理。

另一方面，我們必需了解，中國現時的戲劇性高速增長是因何而來的。以往中國從事農業耕作的人每年的總產值大約只有一千元人民幣左右，如果農業人口轉到工廠工作，每個工人的收入雖然只是數千元，但他所生產貨物的總值卻肯定遠遠高於他的薪酬，否則工廠無法經營。基本上，在現代經濟體系中，每個工人每年對本地生產總值（GDP）的貢獻最少也有二十萬。當人口不停由農業轉移到工業時，所產生的經濟增長值是非常大的。問題是，這種增長可以持續到甚麼時候呢？就要看由農業轉到工業的人口在何時會枯竭。

中國的統計數字經常不可靠，加上農業的工作種類非常瑣碎，實在難以統計正從事農業生產的人數，也難以統計農民花在生產農作物的工時。但從最近工人薪酬和農產品價格急升這個情況看來，可見農村轉移到工廠的人口恐怕已離枯竭不遠。因為農村工人不足，農產品產量無法繼續增長，農村與工廠在人力資源上互相拉扯角力，所以工人薪酬和產品格價便被迫推高。

第二節 博奕之間

北京對特首人選的取態可分成幾個不同的時期。

第一個時期，北京希望任用一個能夠與港英行政會議銜接，同時又能絕對信任的人作為特首。而這個人最好有一定的國際關係，以具備足夠的魄力推展香港一國兩制的事務，因此當時北京選擇了董建華。當年北京曾透過霍英東挽救過董建華的家族企業，北京對董家有救命之恩，絕對能夠信任，加上董建華和其父親董浩雲在國際上有點聲譽，實在是合資格的人選。

然而這個計算結果卻弄得焦頭爛額，情況之糟糕相信無須我再多説。而噩運的巔峰是在二〇〇三年出現沙士和推出二十三條的時期，導致五十萬人上街。

這時北京便發現，若特首不能獲得公務員的支持是難以執政的，因為任何一個政府，都要透過一個工具才能執政，而那個工具就是龐大的官僚架構。香港的公務員架構在當年曾達十八萬公務員，再加上醫管局、教育等公營機構，人數更超過三十萬。若這一班人繼續與政府作對，政令根本不出禮賓府。例如當年董建華決定不起訴胡仙（註十三），內部便會立即有人向傳媒發放風聲，沒有一個政策能夠完整地推行。

於是北京在這時作出了一個重大的思維改變，決定轉為選用港英餘孽，尤其是有公務員背景的人。因此，當時選擇了曾蔭權擔任特首，而這個轉變，亦反映了當時北京權力的變化，轉為由曾慶紅主持香港小組。

曾慶紅是一個較為實際以及靈活度較高的人，他完全明白當時香港的情況，於是為對特首人選訂下兩個必要條件：第一，必須能與公務員對話；第二，要能夠與香港的民主派對話。

民主派跟政府的對抗不能夠越演越烈，最低限度要柔化部分民主派的反對聲音，否則對香港僅存的和諧有害。因此，香港只有幾類人士是需要堅決抵制的，反共、裡通外國，支持藏獨疆獨等分裂國家的人，這三類分子絕對必須排除在特首選舉機制之外。

另一方面，北京對香港政改問題的想法也影響特首人選的取態。當日基本法清楚列明回歸後十年，特首及立法會選舉上可以進行普選。設計是建基於十年後香港市民的人心應已歸向的假設上，而在中英雙方外交部互換的七封函件中，亦已訂明如果香港要實行普選，只需香港人同意，無須事先獲得中央批准。當日姬鵬飛（註十四）向人大介紹香港基本法，說法亦相當一致。

然而，及至二〇〇四年後北京卻赫然發現事情根本未如設計般發展，香港人並沒有歸向中央，若當時實行普選的話，結果只有一個，就是泛民主派勝出，控制立法會和行政長官。若泛民掌握了立法會和行政長官權力，從北京的立場出發，便會有兩點需要考慮：首先，如果發生類似劉曉波的事件，泛民出身的

註十三：胡仙：東南亞企業家，前全國政協委員，胡文虎的養女。一九五四年，胡仙接掌星島報業，並在一九七二年令星島報業在香港上市。胡仙曾經擁有七份報章，包括《星島日報》、《星島晚報》、《英文虎報》、《快報》、《天天日報》、《華南經濟新聞》及與大陸合資的《深星時報》，所以稱為「報業女王」。一九九八年，三名星島行政人員串謀詐騙廣告客戶，誇大《英文虎報》和《星期日英文虎報》的發行量，胡仙雖然被認為串謀，但律政司以證據不足和公眾利益為理由，決定不檢控胡仙。

註十四：姬鵬飛（1910-2000）：山西省臨晉縣（今臨猗縣）東張鎮人。曾任中華人民共和國外交部長，也是中英雙方就香港主權移交問題談判的關鍵人物之一。

2007 特首選舉

行政長官竟去出席頒禮，北京又如何容忍呢？其次，是恐怕會選出一個像李卓人般的社會主義者，如香港經濟因此走下坡，北京就要負起全部負任，實在不知如何是好。

因此，北京對香港政改的思維是，最好能達到某程度的普選，表示已兌現對香港人的承諾，同時亦令泛民失去爭取的政治目標。然而這個普選，不可出現上述的危機，也不能令香港的富豪過份擔心。於是在二〇〇五年提出將立法會議席增至七十席，直選與功能組別維持各佔一半，實際上是爭取時間，等待方案全面拍板。

北京繼而提出了普選時間表（二〇一六普選特首，二〇二〇普選立法會），卻沒有路線圖，其實是開始在普選的定義下功夫。最後，北京就普選的定義只是一人一票選舉，將提名權及被選舉權分割出來，無論立法會和特首選舉都意圖先篩選候選人供香港人去選。這其實是一種鳥籠民主。

這種鳥籠民主會否得到香港人的接納呢？關鍵在於能否得到部分民主派的支持。只要得到部分民主派的支持，以往的六四比率便會逆轉，支持北京的人變成多數。只要從這個角度去分析，便會透徹明白二〇一一年香港發生的事情。

二〇一〇年北京提出的政改方案，基本上只是原文照搬〇五年的方案，而特首選舉方案，更是連〇五年的方案也不如，不僅選舉委員會人數只增至一千二百人，而且區議員能進入選舉委員會的名額比〇五年方案更少。

在這情況下，可以估計北京對此方案能被通過並不樂觀，香港政改問題將再次陷入僵局。雖然如此，北京卻不可自己先提出一個讓步的方案，因為只要一作讓步，即表示有討價還價的空間，在再商議的過程中，泛民將會如何「還價」，北京無法預計，底線恐怕不知要退到哪裡。

然而北京決定提出退步方案是要面臨沉重政治代價的。不僅香港人對特區政府和北京的仇恨感會因此大增，令管治更加困難，甚至北京的國際聲譽也會因此大受影響。曾有內部消息指出，若這個方案已經是北京能給予香港的最好的政改方案，而這個方案在立法會被否決，曾蔭權是會為此辭任行政長官一職。甚至傳出范徐麗泰已著手組織班子，準備暫代特首職位。

形勢發展至此，要了解整個局勢，必須同時檢視香港泛民政治版圖的變化。香港的政治版圖，是世間少有地分裂成兩個幾乎完整的版塊——「泛民」與「建制派」（或稱保皇黨）。兩個版塊的界線是從何時劃定的呢？答案是，從六四開始。凡是繼續反對六四鎮壓的全被稱為泛民，餘下的則被歸類為建制派。

整個泛民取得香港六成的選票，但事實上在立法會內他們卻是少數派。泛民的歷史責任是為香港爭取民主，然而轉眼十三年，香港民主毫無寸進。在這個長久的爭取民主的過程中，卻造就出一班泛民建制派。這泛民建制派只會按照一向的老黃曆辦事，例如對六四悼念等慣常提出的抗議性議題，象徵性地於立法會發言或提出議案，宣傳爭取民主。但既然他們在立法會內是少數，他們所有提出的議案都不會被通過。而在立法會外，他們遵循的路線是司徒華傳授下來的三招──示威遊行、靜坐抗議、輪班絕食。在比例代表制之下，全靠這三招，他們已穩定地連任立法會議員接近二十年。

二〇〇三年沙士爆發（註十五）、二十三條出籠（註十六），泛民結構開始發生變化。當時香港社會氣氛非常惡劣，但這班泛民建制派卻依然沒有提出任何應變的行動。結果由民間爆發出〇三年七一大遊行，首先催生了公民黨（註十七）的出現。新生的公民黨比過往的泛民主派擁有較嶄新的思維。

同時，〇三七一大遊行又於四年後催生了另一左翼政治勢力──社民連（註十八）。社民連認為不能再跟隨以往的方針，主張用比較激進及不守常規的方法來刺激起市民對目前制度的不公平之處的注意，與及將所有對過去二十年悶局感到不滿的人聚集起來。社民連所帶來的衝擊，不但沖擊特區政府及建制派，亦衝擊了民主建制派。

民主建制派發現自己的疆域越來越狹小，因為他們實在沒甚麼好賣。過去二十年，他們所賣的不過是不停循環再造廢物的貨色，他們的選民基礎被越壓越少。於是，在某些人裡應外合的情況下，以民主黨為主的泛民建制派作出了一個重大的路線改變。只要有某種程度的修正，他們便會接受特區政府提出的政改方案。主要是放棄部分既有選民基礎而去爭奪不敢反對北京的票源。

大家心裡都明白，由六四事件誕生的所謂泛民陣線，主要的作用是在政改上與政府討價還價。政府的勢力在立法會內佔了多數，泛民唯一能夠阻止通過的就是需要三份二票數支持的政改。因此泛民聯合陣線在政改投票時在道義上必須共同進退，否則便失去了聯盟的作用和意義。而在民主黨等人決定接受這一次的政改方案的一刻，聯合陣線已被打破，因此有人認為他們已經背叛了泛民。

若要泛民基本上接受的話，方案必須有路線圖，但當日沒有。而在其他大多數泛民不同意的情況下，

註十五：沙士：嚴重急性呼吸道症候群（Severe Acute Respiratory Syndrome，SARS），是非典型肺炎的一種，香港音譯為「沙士」。該病導致中國（包括香港）的感染和死亡人數最多。此病經由旅遊、商貿、移民人群迅速擴散到了香港，沙士事件使香港市面陷入蕭條，在香港共造成二百九十九人死亡，包括6名公立醫院醫護人員，是香港近年最嚴重的瘟疫。

註十六：二十三條：二十三條是就香港境內有關國家安全，即叛國罪、分裂國家行為、煽動叛亂罪、顛覆國家罪及竊取國家機密等多項條文作出立法指引的憲法條文。原文為「香港特別行政區應自行立法禁止任何叛國、分裂國家、煽動叛亂、顛覆中央人民政府及竊取國家機密的行為，禁止外國的政治性組織或團體在香港特別行政區進行政治活動，禁止香港特別行政區的政治性組織或團體與外國的政治性組織或團體建立聯繫。」這項條文的立法過程引起香港各界反彈，引發二〇〇三年的七一遊行，加上法案表決前夕代表自由黨的行政會議成員田北俊辭職，特區政府無望在立法會取得足夠票數支持，最終決定收回條文終止立法程序。

註十七：公民黨：是香港的一個政黨，成立於二〇〇六年三月十九日。公民黨的主要成員來自四十五條關注組。其宗旨在於推動民主政制及社會公義。自二〇〇八年立法會選舉，開始採用「公道自在民心」為黨口號。二〇一〇年，該黨立法會議員梁家傑及陳淑莊聯同社民連的三位立法會議員，為發起「五區總辭」政治行動集體辭職，其後再參加補選，並再次當選重返立法會。其後，黨魁余若薇獲邀和曾蔭權參與電視辯論，討論二〇一二年政改方案。

註十八：社民連：全名為社會民主連線，為香港泛民主派中一個倡議社會民主主義的政治團體。二〇一一年，社民連主席為陶君行。其口號為「基層主導、民主企硬，旗幟鮮明的反對派」，二〇〇八年立法會選舉，黃毓民、梁國雄、陳偉業當選成為立法會議員。二〇一〇年為發起「五區總辭」政治行動，該黨三位立法會議員，集體辭職，其後再參加補選，並再次當選重返立法會。二〇一一年，黃毓民及陳偉業連同社民連多名黨員宣布退黨。

民主黨的八票（註十九）與民協的一票選擇投向政府，支持通過政改方案，於是在這一刻，泛民全面瓦解。

緊接二〇一〇政改通過，香港政治版圖出現了劇烈的動盪，幾乎所有香港現有政黨都發生分裂或者重組，新的政黨如雨後春筍，紛紛成立。

民主黨接受二〇一〇年政改方案，是政治路線上一個重大的轉移。民主黨選擇拋棄部分既有的支持者，以求爭取溫和、中立的選民的支持，而那些所謂溫和中立的選民，本來大部分是票投自由黨或民建聯的。民建聯等建制派因此感受到極大的威脅。然而，由於拋棄了部分的基本支持，民主黨內部亦出現異議，為數不少的民主黨黨員陸續退黨，其中包括一名立法會議員鄭家富和八名區議員。

另一方面，葉劉淑儀組織了一個黨員以公務員系統出身的人為主的新政黨——新民黨。他們最接近體制，號稱自己是一個政治取向靠右的政黨。但奇怪的是，他們在攻擊現在的議會向社會主義傾斜的同時，卻又在自己的政綱內聲稱自己遵從安東尼．紀登斯（Anthony Giddens）（註二十）提出的「第三條路」（The Third Way）（註二十一）精神。

至於社民連的分裂，除了人事糾紛之外，最主要的爭拗是究竟是否追擊民主黨或民協。社民連內一批以黃毓民為首的人士認為，既然民主黨和民協已轉為支持政改，泛民聯陣的存在已變得全無意義。而且這次在政治道德上的背叛是必須得到懲罰的，所以在二〇一一的區議會選舉必須作政治表態，追擊民主黨及民協，甚至要令他們喪失議席。如果在民主制度下，有政客投票的取向與他政綱上所寫的南轅北轍，卻無需負上政治責任的話，那麼任何民主制度都是無意義的。

除了以上各種恩恩怨怨，另一個造成動盪原因是議席的增加。政改通過新增五席直選和五席超級區議員功能組別，於是大家便開始思考如何走位才能有出頭機會，因此政黨之間難免出現分合。

其次，北京承諾在二〇一六及二〇二〇可實行特首及立法會普選。雖然能有的不過是鳥籠民主，但多少會有一些權力可以讓人來爭奪。香港以行政主導，以往參政人士最多只可當個立法會議員，只參與了建制的外圍，並不能進入權力的核心。但是參與政治最重要是得到權力，擁有權力才能與各方既得利益者勾結，從中獲利。此門一開，許多本來不參與的人士也來摻一腳，雀躍萬分，造成了二〇一〇、二〇一一的政圈大亂局。

註十九：民主黨支持政改：該黨的何俊仁、劉慧卿、李永達、李華明、涂謹申、黃成智、甘乃威及張文光均支持二〇一〇年政制方案。只有鄭家富一人投下反對，並退出民主黨。

註二十：安東尼．紀登斯（Anthony Giddens）：英國社會學家，當代社會學領域中有卓越貢獻的學者之一。他以結構理論（theory of structuration）與對當代社會的本體論（holistic view）而聞名。他提倡的「第三條路」政策也影響了英國甚至其他國家的政策。

註二十一：第三條路：一種走在資本主義和社會主義中間的一種政治經濟理念的概稱。它是由民主社會的中間派（英語：centrism）所倡導的，屬中間偏左的政治立場，中心思維是任何偏於某種極端也不會是好的，所以它既不主張純粹的自由市場，亦不主張純粹的高福利社會，奉行類中庸之道。工黨的貝理雅以「第三條道路」作出競選口號，結果使工黨贏得了一九九七年的大選，重新上台。

第三節 自由是少數人的自由

香港號稱全球最大自由經濟體系之一，但當中其實有極多的壟斷成份。香港的經濟其實分成兩個部分，其一是自由競爭部分。由於中國人嗜做生意的特性，只要有半點商機的行業都會爭相營運，直至該行業開到荼靡方休，因此自由競爭的結果是所有人都沒錢可賺。而那些受到保護的行業因為失去競爭，所以賺取的利潤卻極高。

在香港各種壟斷中，最嚴重的首推專業壟斷。香港的律師和醫生的收費是世界之冠，而他們維持高收費的方法就是將入行門檻不斷加高，阻止他人加入，令競爭盡量減少。像九七回歸後英聯邦國家醫生來港執業要考執業試（註二十二），難道澳洲和加拿大醫生的質素會比香港的差嗎？表面上入行門檻越定越高是為公眾利益著想，實際上執業者人數越少，收費越水漲船高。律師的情況也一樣，除非特殊理由法庭批准，否則英聯邦國家的律師不能到在香港上庭。

其他有形的壟斷在香港多不勝數，例如電費、煤氣、交通工具、電視、貨櫃碼頭、航空等，都是有政府立法支持的壟斷經營。另外，政府亦嚴重影響了香港的房屋供應，佔了主導地位。從事這些壟斷性行業的人取得暴利，尤其是在土地和金融方面的壟斷，是加劇貧富懸殊的一大原因。

壟斷除了造成嚴重的貧富懸殊之外，更令經濟效率不足。透過消除壟斷，可以顯著改善香港的經濟效率。但問題是我們無法拆除壟斷，因為在政治上沒有足夠的能量去針對這個問題作出有力的決定。

香港貧富懸殊日益嚴重，香港人眼見有人活在赤貧，少部分人卻坐擁巨額財產，先天上已予人官商勾結的感覺。而事實上，特區政府亦有立法去保護那些壟斷的行為。

地產壟斷是香港最嚴重的壟斷之一，地產商利用對樓宇「發水」比例和補地價手續漏洞的認識而謀取暴利，而這種資訊優勢就是透過「收購」熟悉相關程序的官員而產生的。這是實質上影響深遠的官商勾結。

官商勾結的另一個層次，是功能組別選舉和選舉委員會的結構製造了一群對政府有強大影響力的既得利益集團。特區政府在直接民選的部分得不到支持，於是便需要依賴功能組別，而功能組別人士對政府有其獨特的要求。最簡單的例子是劉皇發與鄉議局，他們所形成的龐大既得利益集團與特區政府緊密的勾結是無可否認的。他們倚仗掌握著新界原居民的民意，在土地及丁權方面大賺特賺，劉皇發除了是議員更是行政會議成員，而代價是盡量支持特區政府。要在新界進行任何項目，若不討好這班既得利益者，他們便會組織居民反對。失去鄉議局的支持，自由黨便落得慘敗收場。由此可見他們的勢力和利益何在。

部分官商勾結則是港英政府遺留下來的，簡單的例子是民航署與國泰航空的關係。

要令香港經濟再次高速發展，以上皆是必須要解決的問題，務求將香港潛在的生產力和創造力盡量釋放。與此同時，香港人必須有足夠的胸襟，容納中國對香港經濟的高度參與。否則，香港只會停留在「消費之都」的層面，供國內人來港儲放資金及消費，而香港本身的生產力便會日漸不足。

註二十二：英聯邦國家醫生來港執業：在九七回歸前，英聯邦醫生同樣可免試在港註冊執業，本港約半成至一成醫生循此途徑在港成為醫生。

作為大都會，香港無論在土地與人口上都顯得不足。按一般大城市的發展模式，城市的邊界會隨增長向外擴大，吸納外圍土地及人口，因此深圳和東莞等地區理應納入大香港範圍。另一方面，深圳和東莞若能引入香港的管理模式，兩地的生產力亦會激升。可惜這套對各方都好的方法，卻因為政治原因而無法實現。

以香港一個只有七百多萬人口、千多平方公里的城市，無論在人口和土地上都不足以作為世界一級城市。這是香港要面對的問題。

在轉型期間，香港不僅完全找不到第二條出路，而且在中國的對比之下，香港的成本價格越顯高昂。香港成本價格較國內昂貴的理由主要有兩個：首先，兩地人口不能夠自由流通。若人口能夠自由流通，自然會產生趨同效應，拉近兩地價格。

其次，是香港一直未能打破部分行業的壟斷情況，因而發揮不出更大的經濟效率。例如香港的電費是過高的，又例如要挽救香港的電視及電影業，必先解決ＴＶＢ壟斷的局面。連北京政府也懂得去為商業創造一個有競爭的環境，我們又怎可以容許香港有哪麼多的行業長期處於沒有競爭的狀態下呢？結果在過去幾年，我們發現，港人薪金在逐步下跌，在自由市場下競爭的行業價格也不斷下調，但壟斷的行業，如交通、電力等的價格卻一直高踞不下。因為這些斷壟的行業不受供求的影響，無需跟隨整體市況調節價格，即使市面經濟轉差，工人薪金下調，它們都不會減價。這對低下階層來說尤其苦不堪言。

香港眾多事業中，唯有土地和城市規劃一項不可以、也沒有條件實行自由市場。土地和城市規劃從來都是寡頭壟斷（Oligopoly）（註二十三）的，因為政府控制了所有土地的使用，政府是土地的最終供應者。

若政府在土地供應上控制得不好的話，就會造成極大的波動，無論地價是大起抑或大跌，都會帶來嚴重的社會問題。

環顧全球經濟發展，會發現一個奇特的現象，就是當一個地方的人均收入達到五千美元左右，該地方的經濟便會突然放緩，難以再依循以往的方式增長。經濟需要更大的自由度、競爭力和創新性，方能經濟向上成長。不少國家的經濟都在這個水平遇上瓶頸。

而自從香港工業北移之後，香港便成為了為那些北移工業提供服務的重要基地。香港的物流業、貿易業和管理國內工廠的管理團隊，其實都是為港商擁有的北移工廠服務。

另一方面，香港金融業集資總額超越紐約交易所，成為全球第一。而香港的金融業，卻是為整體中國經濟服務。自回歸以來，香港經歷了兩次金融危機，亞洲金融風暴與全球金融海嘯。雖然有起有跌，但若以生產值計算，香港的經濟發達程度已在世界前列位置。不過，在經濟發達的同時，香港的貧富懸殊卻日益嚴重。

香港的堅尼系數於一九七五年達到最低點後，為0.429，之後開始逐年遞升，二〇〇六年更高達0.533。對先進國家來說，情況非常嚴重。為甚麼貧富懸殊會越來越嚴重呢？其中一個重要原因是製造業的北移，令香港失去了大部分製造業崗位。以往，某些技術性的製造業職位的薪金是相當高的，這些職位

註二十三：寡頭壟斷（Oligopoly）：少數賣方（寡頭）主導市場的市場狀態，是介於壟斷競爭與完全壟斷之間的一種比較現實的混合市場。

的存在，是令堅尼系數下跌的重要因素。

製造業北移後，香港經濟轉為依靠服務業。在經濟迅速發展時，那些生產力增長緩慢的服務行業，由於佔整個經濟比例不變甚至減少，從事這些行業的人的薪酬反而升值得很快。這些通常是知識需求極高的行業，如醫生、大律師。反過來，那些任何人也能勝任的職位，如清潔工人、看更等，薪金卻非常低。在這情況下，香港人的入息便越來越懸殊。

若奉行純粹的自由經濟，實在是難免走上貧富懸殊之路。有優勢的人只會贏得更加多，有知識的人幾乎佔了所有的便宜，因為知識的威力是無限的。記得當年佳視正式開台前一星期仍然無法順利播出，最後關頭唯有請麗的的總工程師出手相助。麗的總工程師到場視察，一下子就發現問題所在，但他卻沒有即時指出，反而佯裝撿查一番。因為他知道若太輕鬆便將問題解決，佳視便不會感激他，於是他便假裝困難，然後乘他人不覺偷偷按一下按鈕，問題立即解決。原來問題只是漏按一顆按鈕而已。從上述例子可見，掌握知識與否是天壤之別。誰掌握了竅門，知識的力量可令他的工作效率以十倍、百倍、千倍超越他人。

在這情況下，香港首先會出現嚴重的貧富懸殊，其次是面臨與東南亞同樣的命運。因為香港要真正回歸中國，商品、服務和人口必須能與國內無牽制地相互遷移，才是真正的融為一體。若在中間設立關口，香港除了地理位置上較接近外，與其他東南亞國家有何分別呢？香港要擺脱與東南亞國家相同的命運，就必須打開胸襟，在商品和人口的流通上與中國真正地融為一體，不能自外於中國。

可能有人會問，融為一體之後，香港還憑甚麼可比國內優勝呢？答案就是只要堅持維護法治、外匯自由、資訊自由和人身安全等，香港自然就有其優勝於國內的附加價值。若流通是無障礙的話，相信大部分的國內企業都會將總行設在香港。

回看香港的歷史，不少人都因為短視而對新移民作出極大的歧視，這樣做絕對是錯的。美國今日的國力之所以能夠維持，完全是靠新移民。香港歷史上幾次的經濟起飛，都是在大量新移民湧入香港之後出現的，因為經濟的產出是靠人力資源的投入。新移民投入的人力資源對香港經濟發展的貢獻往往大於對香港資源的消耗。

第四節 「上車」之難，難於上青天

近年高樓價問題困擾中國，同樣地，樓價問題亦一直令香港特區政府大為頭痛。

樓價問題與貧富懸殊問題其實是互為表裡的。香港的人口結構於近二、三十年來不停改變，其中一個特色是生育率在下降（註二十四），因此人口對於房屋需求的壓力亦不斷下降。及至九十年代，香港人每年需要的單位數量事實上已經不是很多。香港唯一的房屋問題是居住空間比較狹窄，一般人的平均居住面積（註二十五）比新加坡人要小一半，只有百多平方呎，甚至比內地都要小。

可是董建華上任後卻錯估了樓宇需求的情況，繼續不斷興建公屋居屋，以及大量推出土地，於二〇〇一至二〇〇二年間，曾計劃推出七至八萬個單位。在這種政策下，當然會導致樓價的進一步崩潰。而且當時香港正處於通縮環境，加上沙士這個大災難，最後只會得到一個結果，就是樓價在二〇〇三年跌至谷底，比一九九七年樓價高期下跌近六成。

如果說一九九七年樓市高峰期的供樓負擔比率高達93.2%，是市民無法負擔的程度的話，在二〇〇三年供樓負擔比率則低至難以置信的境界。在這個時候，香港的樓價出現了戲劇性反彈，主要原因是特區政府決定停止出售土地及居屋。

我在之前的文章已詳細論述過董建華施政何以會遭遇如此巨大的挫折，總括來說，香港並不適合由董建華這種意圖在沒有民意授權下進行重大改革的人掌政。董建華的另一個問題是得不到公務員的支持。當時不少人替董建華說好話，指董建華是因施政處處受到以陳方安生為首的公務員體系的制肘，才會執政多年毫無寸進，亦因此才會有局長問責制出現，意圖透過政治任命，引入其他人士駕御一眾公務員。

二〇〇三年五十萬人上街之後，北京推出更緊密經貿關係（CEPA）（註二十六）等政策，試圖以經濟上的實惠，減輕香港市民對董建華的怨憤。雖然香港經濟有所反彈，亦因田北俊的倒戈而停止了二十三條的通過，但二〇〇四年卻繼續有數十萬人上街，香港市民對於董建華的憎恨是深入骨髓，難以治癒。於是北京終於要面對現實，二〇〇五年上旬讓董建華以腳痛理由下台。

二〇〇三年及〇四年期間，曾蔭權作為所謂「港英餘孽」，雖然民望相當高，卻其實一直因不被北京政府信任而投閒置散。曾蔭權能當上政務司司長，部分原因都在於陳方安生被迫退，蜀中無大將所致，因此在擔任政務司司長之後，也沒有被委以重任，只管掃街滅鼠等閒事，被譏為「清潔大隊長」（註二十七）。

註二十四：生育率在下降：香港總和生育率從一九七六年的每千名女性有二千四十名活產嬰兒下降至二〇〇三年的九百零一，不過二〇〇六年的總和生育率回升至九百八十四名。

註二十五：平均居住面積：科大雷鼎鳴教授在二〇一〇年八月三十日信報撰文《香港樓價高企的原因》，指香港人均居住面積少於有一百五十方呎，不及新加坡的一半。

註二十六：更緊密經貿關係（CEPA）：中國內地與香港簽訂的首項自由貿易協議，藉此加強內地與香港之間的貿易和投資合作。目標包括減少或取消雙方之間實質上所有貨物貿易的關稅和非關稅壁壘；逐步實現服務貿易自由化；促進貿易投資便利化。

註二十七：清潔大隊長：二〇〇三年沙士爆發後，曾蔭權被指派主理全港清潔，被傳媒揶揄為「清潔大隊長」。不過「清潔大隊長」一詞深入民心，曾蔭權競選連任時更用其作宣傳工具。

二〇〇五年董建華下台，改由曾蔭權出任特首，我個人相信這個決定應該是由廖暉（註二十八）主催的。而對上是曾慶紅（註二十九），官員出身的曾慶紅明白「為政之道，在不得罪於巨室」，絕不可以跟整個公務員系統作對，否則公務員會陽奉陰違。你想推行一百項政策，他們會有一萬個規章制度的理由告訴你政策不可行。若強行推出，公務員就會放慢手腳，盡量拖延。於是北京政府終於投降，決定以公務員應付公務員，起用政務主任出身的曾蔭權為特首。

曾蔭權參選特首，竟以「我會做好呢份工」為競選口號。

曾蔭權從董建華身上只學會了一個教訓，就是樓市絕不可碰，樓市崩潰會導致下台。因此樓市政策在他上任後立即作了一百八十度逆轉，盡量減少樓宇供應，無論如何不肯恢復出售居屋，不肯定期拍賣土地。現時所有土地都放在投地表中，表中的地皮到底要多少錢才肯出售不會對外公開。地產商出價勾地，價錢合政府心意，才會拿出地皮作公開拍賣。在此政策推行的最初數年，成功被勾出的土地近乎零。

另一種傳統獲取土地的方法是補地價、改變土地用途。政府在這方面也是採取強硬態度，千方百計阻撓投資者改變土地用途，除非付出天文數字的補地價費用，否則難以改土地用途。

在這兩種土地政策方針之下，土地供應逐漸枯竭。一九九九年之前，每年樓宇供應約有三萬個，之後一直下跌，至去年全年只有數千個新單位推出。新樓供應數字跌至數千是大問題，因為香港每年約有四萬人結婚，當中大部分新婚夫婦都希望婚後可擁有自己的房屋，建立自己的家庭。公屋只可應付當中約一萬個需求，餘下的便要靠私人樓宇供應。這些需求一直累積，我簡稱之為「家庭分拆效應」。香港的房屋需求數字並不是來自人口增加，而是家庭在分拆。

香港的房屋需求第二個主要源頭，是香港人生活改善後，開始追求面積更大、設備更完善優良的房屋。二〇〇三年後，香港停止通縮，銀根變鬆，於是二〇〇三至二〇〇八年樓價不斷反彈，幾乎回復到九七年的水平，直至二〇〇八年金融海嘯，樓價才有短暫性的下跌。

當樓宇供應縮小至現今程度時，香港出現了兩個新的情況。

第一，在美國量化寬鬆政策影響下，香港銀根非常寬鬆，貸款利率跌至1%之下。在這情況下，借款接近無成本，而錢存在銀行則近乎沒有收入，因此促使更多人會傾向買樓投資。

第二，是中國經濟崛起，內地人士湧到香港買樓。內地人在香港買樓是有一定的模式的。首先，內

註二十八：廖暉：自二〇〇五至二〇一〇年，廖暉擔任國務院港澳事務辦公室主任，同時他亦為第十屆及第十一屆的全國政協副主席，掌管中共在香港、澳門的工作。

註二十九：曾慶紅：中共十六大的中共中央政治局常委，屬於前中共權力核心層重要人物。一九八九年隨江澤民進京，任中共中央辦公廳副主任，一九九三年晉陞中共中央辦公廳主任。一九九七年進入中共中央政治局，任候補委員、中共中央書記處書記。一九九九年晉陞中共中央組織部部長。二〇〇二年成為中央政治局常委（官方名次為第五位）、中央書記處書記（排名第一）、中央黨校校長，全面負責黨務工作；同時任中央港澳工作協調小組組長，分管港澳工作。

地客喜歡購買豪宅，尤其鍾情西九龍地區，令西九龍豪宅的樓價竟然超越半山。內地生活的含稅率其實非常高，單是增值稅已17%，加上其他林林種種的稅項，在內地消費，尤其是購買國際名牌，在香港買會較便宜，而且款式更齊全、更多元化，信譽也更可靠。因此許多內地有錢人都喜歡到香港購物。有人估計，在現時世界名牌每年的總銷量中，有七成是由中國人包辦，而香港是其中一個銷路最好的售賣點。除了購物之外，香港的教育及醫療服務的質素亦遠比內地為高，因此內地富豪及其家人經常有機會來港停留甚至居住。與其每次都要入住酒店，香港的高級酒店價格又不便宜，倒不如在香港購買物業，既方便又可當作投資，一舉兩得。於是漸漸地，在港擁有豪宅變成內地大款其中一種的身份象徵。相等於人們會認為，一個真正的世界超級富豪可以叫他的親朋戚友乘坐他的私人飛機一樣，內地大款如果說不出：「我在西九有一層樓，反正閒放著沒人住，有需要就去住住吧」之類的說話，就算不上真正的有錢人。

另一方面，香港亦是內地人隱藏資產的好地方。原因非常簡單：第一，香港有私隱法保障（註三十）；第二，在香港市場流動的資金夠多，要在數以萬億計的資金中找出可疑的資金，實在並不容易；第三，香港是中國人的地方，大多數人都懂普通話，對內地人來說非常方便。

在上述情況之下，香港樓價終於在二〇一〇年突破九七年的水平，於是就造成新的問題，令香港民怨沸騰。香港樓價超越了一般香港打工仔的購買能力，半山樓價達六、七萬元一呎，實在是匪夷所思。另一方面，即使是西九龍一個二、三千呎的單位，樓價亦動輒過億，試問香港哪些人住得起呢？甚至連過去最意氣風發的專業人士亦買不起一個質素較好的單位。香港社會因此積聚了極大的民怨。

註三十：香港私隱法：香港的法例對市民私隱作出了保障。《基本法》第二十九條規定：香港居民的住宅和其他房屋不受侵犯。禁止任意或非法搜查、侵入居民的住宅和其他房屋。《基本法》第三十條亦規定：香港居民的通訊自由和通訊秘密均受法律保護，任何部門或個人不得以任何理由侵犯居民的通訊自由和通訊秘密。若為公共安全和追查刑事犯罪的需要，有關機關亦依法對通訊進行檢查。

第五節　天意已另換新局

踏入二〇一一年，要了解香港的問題，首先要明白今時今日的香港人，已與一九八三年中英談判時的香港人有非常大的差別。

所謂「香港人」其實是一件動態的事物，每天都有人死去，有人出生，有人遷出，有人移入，它就像一條長河般，在不斷的改變中。從人口來源及年齡分佈，我們可以看出不同的畫面。

香港基本上是一個由移民組成的城市，絕大部分人都不是原住民，分別只在於他是新移民的第一代、第二代還是第三代。

假設將居住香港超過三十年或移民第二代都當作本土生香港人的話，在踏入二十一世紀第一個十年，我們會發現這種所謂「香港人」的人數正在急劇減少中。數以十萬計的「香港人」紛紛離開香港，或移民外國，或移居內地。「香港人」與「香港人」結婚生子的比率亦大幅度下跌，香港女性的生育率位列全球榜末，若只計算香港女性所生的小孩，情況就更加慘烈。

在這種情況下，便有「半個香港人」出現，即是父親為香港人，由國內女性所生的孩子。「半個香港人」的比例在近年激增，佔香港新生嬰兒總數約六成(註三十一)。另外，就是純粹的新移民。現時每日有一百五十個來港單程證名額，假設每年有五萬四千七百五十個新移民來港，持續二十年，在上述兩個元素影響下，那種所謂本土生香港人的成份大幅度下降。而本土生香港人成份下降的其中一個影響，就是之前提及到的香港傳統核心價值受到削弱。

尤其近年的內地來港移民不少是有經濟能力的人士，他們會在香港投資股票及地產，亦與國內的既得利益集團有非常深厚的關係，因此他們傾向保護建制。

除了人口來源，還有人口年齡分佈所形成的差別。

我們這一代大部分人都屬於戰後嬰兒潮出生。這個人口生殖潮自一九五〇年代開始，持續約三十年，並以一九五〇至一九七〇年期間為高峰，在該時段出生的人佔香港人口比例最多。這一代人控制了香港大部分的資產、權力，甚至話語權。

呂大樂在《四代香港人》（註三十二）所說的我不想重覆，但有一點要注意的是，一九七〇年後的香港已成為一個富裕社會，而在富裕社會出生的人是有其獨有特性的。他們的安全感較強，於是他們不一定要像上一輩般擁有力爭上游、賺錢的狠勁，部分人追求的是其他價值。

好像熱門的八十後問題，就是上述兩個問題揉合所衍生出的現象。由於社會條件不斷進步，八十後都受過一定程度的教育，但由於家庭環境較好，因此沒有工作的急切需要。我目睹不少八十年大學生畢業後長期不去找工作，只靠兼職或以進修為名，一直漫無目的過活，完全失去我們這一代為了獨立養家而急急工作的魄力。而由於有了知識，能看到社會上許多的不公義的地方，所以八十後當中有部分人傾向走上

註三十一：半個香港人：二〇一一年期間共有95,337名嬰兒出生，內地孕婦所生嬰兒佔總數47.9%。

註三十二：四代香港人：香港社會學者呂大樂於二〇〇七年推出的一部著作，內容是將現時的香港人按出生年代分為四代並加以分析，藉此帶出現時香港社會世代輪替停滯的現象。

社會抗爭的道路，這亦是香港社會難以管治的一個原因。

自麥理浩推行九年免費強制教育至今（註三十三），得出的結果是「學位超級通貨膨脹」。今日的會考畢業生並不等於四十年前的會考畢業生；今日的大學生並不等於四十年前的大學生，因為今日的會考畢業生和大學生人數大幅增加了。

現今的教育制度基本上是一種平均主義，以盡量令每個人都受到教育為目標，並非以往那一套需要經過殘酷篩選的精英制度。這套制度所產生的問題，在學生的語言能力上尤其顯著。在這制度下，學科成績基本上能夠保持，但學生的中英語文能力卻大幅度落後。現在要面對的情況是以往難以想像的，試問誰會想到大學畢業生竟然無法寫出合乎水平的英文、甚至是中文的文章？

那些未及水平的人的學位雖然是受惠於學位通脹而得來，但他們會更加覺得社會對他們不公道，因為他們的心理期待仍然維持著以往那一套。除非修讀某種專業，如醫生、律師、會計師等，否則大學畢業生的起薪只約一萬元，長遠亦不過兩萬，因此許多人因此而感到失意。而由於這班人受過相當的教育，很多人對民主自由以至左派思想理論都有所了解，造成他們對社會會有更多的要求。

然而因為香港一向都是個守秩序、溫和及理性的社會，所以這些人的行為相較外國已屬非常溫和。雖然如此，在有需要的時候香港也會出現大型社會衝擊，最佳例子是〇三年五十萬人上街。當時香港人認為二十三條將威脅香港最核心的價值觀念——法治、行為和言論自由，於是社會不同階層都響應參與。

另一方面，隨著環保意識抬頭，保育問題亦得到越來越多人的支持，反高鐵、保衛菜園村等都變成了波瀾壯闊的行動。這些八十後有部分模仿外國綠黨分子（註三十四），不喜歡組織，愛個別行動，尊崇個人自由，奉行有事聚集，無事散開的行事方法，而且有政治潔癖，不參加任何政黨。他們仿如一隻無頭怪獸，不僅特區政府，連政黨也對他們感到莫名其妙。

另一個對香港影響深遠的現象，是管理階層的消失。不少辛勤工作幾十年的中級管理層赫然發現他們的崗位在某一天突然不再存在。為甚麼會這樣呢？原來是因為他們的工作機構已北移大陸。最初公司聘請他們去管理國內工人，後來國內工人學懂了管理的方法，這一班中層管理人員便再無用武之地，忽然間從中產降格成為低下階層分子。

基於前述的社會和經濟因素，令香港社會積累極大的怨氣和嘮叨。加上香港沒有直選政制，管治者對香港長遠前途沒有願景，也沒有足夠民意支持去貫徹執行他的理想。於是，董建華雖然有願景，卻未能駕御公務員系統。管治者要有效推動公務員系統，其中一個方法是由直選產生，背後有政黨的支持。因此董建華最後落得灰頭土臉。

然後到曾蔭權走馬上任。曾蔭權為公務員出身，他的處理方法是盡量少做事，凡是會惹麻煩的事都不去碰。只要這個局面不改變，香港便無法推行較深遠的經濟改革，只能於現有的範圍下作出溫和的改善。

註三十三：免費教育：在一九七八年新學年施行九年強迫免費教育，使香港所有適齡兒童和青少年都要強制接受教育至初中三年級的程度。2007年的施政報告中，曾蔭權宣佈落實十二年（新制）／十三年（舊制）的免費教育。

註三十四：綠黨（Green Party）是一個以綠色政治為訴求的國際政黨，例如在台灣積極參政的台灣綠黨。綠色政治有四個基本目標：草根民主、和平主義、社會公義（許多綠黨尤其強調原住民的權利）和環境保護。

曾蔭權這種思維產生出一個非常有趣的現象，我只可以用四個字來形容，就是「無理可喻」。在九〇年之前，香港的儲備長期只有大約千多億。當時魯平批評港英政府的高福利政策，認為最終會導致車毀人亡的說法，也不過是要求港英政府要保留數百億儲蓄予特區政府。結果回歸那刻，連同外匯儲備總共有九千億。

後來香港經歷了兩次重大的金融危機，但經過兩次重大的考驗之後，結果香港的儲備竟變成二萬多億。這個沒有政治能量的政府，變成了一個守財奴，只懂牛頭角順嫂式的理財哲學，為了儲備而儲備，完全沒有理由。儲備要多少才好呢？答案是越多越好。這是全世界都沒有的奇特現象！

過去十多年，香港政府的財政儲備由四千億增加至約六千億，而每年由財政儲備投資所產生的收益都會撥入香港政府的正常盈餘帳目之中。但這並非真實的數字。

真正的數字還包括存放於香港的萬多億外幣和香港政府約七千億的盈餘滾存所帶來的利息收益。這些收益每年都會產生利息，但卻不會算入政府的財政預計之內，也就是說政府每年的收益實際上比賬面多約五百億。

直至最近兩年，社會才開始有越來越多人關注到這個問題，甚至《華爾街日報》亦有文章提出質疑香港為何需要如此龐大的財政儲備，為何政府不動用這些儲備去解決香港社會日益嚴重的深層次矛盾問題呢？

世界上，幾乎不存在完全沒有負債的政府。大部分的政府均是負債經營的，因為政府可隨時向其人民及國外借錢。長遠來說，能保持收支平衡的政府已是一個超級保守的政府，而現在的香港政府卻是一個長期保持巨額盈餘的政府。

《華爾街日報》的文章亦有提到，要有效保護貨幣系統，實際上儲備最多只需要該貨幣流通量的100%便已足夠，再多也是多餘的，而現在香港卻有超過兩倍。以現今的儲備額，香港即使完全不收稅款，政府也能維持正常運作最少五年。

庫房水浸，有錢在手，香港政府沒有好好運用，反而做了許多非常「戇居」的事，例如迪士尼樂園就上了個大當，虧蝕超過二百億（註三十五）；花六百六十九億興建高鐵，只為走二十三公里的路程；為了建設一個綜合大型博物館和文化表演場地的西九龍文化區，又花了二百多億，加上價值連城的西九龍土地，估計西九文化區最後埋單近千億。

香港現有的博物館的票房收入只有每年支出的1%左右，也就是說不計投資，每年現金虧蝕足百份之九十九。這情況下竟然還要去辦一個規模龐大數十倍的博物館，到底是甚麼道理呢？

政府仍然只懂走傳統的舊路，不斷進行大白象工程（註三十六），意圖創造政績工程，利用基建刺激經濟。事實上，只有在基建不足的地方，投資基建才是刺激經濟的方法。一個地方若已有足夠的基建設

註三十五：港府在迪士尼樂園投放了超過二百億元。迪士尼二〇一〇年首次公開營運帳目，於二〇〇八至二〇〇九年度錄得虧蝕逾二十九億元，估計帳面淨虧損高逾六十億元。

註三十六：大白象工程：傳說從前泰國一個國王有個習慣，如果不喜歡某人，就會送一頭大白象給他。大白象是很稀有很珍貴的動物，餵養成本很高，被送大白象的人很可能因為餵養大白象而破產。據此，大白象後來就演繹出新的意思，它用以代指需要很高昂費用維持、但卻難有巨大經濟效益的資產。

施，繼續投資基建只會導致基建設施使用率偏低，因而帶來無窮無盡的負累。

香港的第一條過海隧道是賺大錢的，但之後的西隧通用，卻一直無法賺取利潤，要靠不斷加價來維持。大老山隧道、九號幹線、十號幹線等都是長期虧本的，因為香港的基建已差不多飽和，興建新基建項目一定要非常小心。

如果只為了刺激經濟而不斷進行基建項目，只會走上日本昔日的道路。日本由一九九〇至二〇一〇年花費數以十萬億日元進行各式各樣的基建項目，建了不少通往一些根本沒有人會到的地方的道路，建了一些貫通兩端都沒有人的地方的橋樑。這樣做不會刺激經濟，只會帶來無盡的負累。

而應該投資的地方特區政府卻沒有投資，例如我們需要更多的投資在教育方面，我們需要做更多事去提升一般市民的文化水準，我們需要投資更多在改善環境方面，改善空氣質素，減輕各種污染帶來的健康問題，而更重要的，是特區政府完全沒有投資在改善現今貧富懸殊的狀況。

第八章：時移勢易

第九章

前路漫漫

第一節　民主是最壞的政治制度

近年香港經濟一直反覆，貧富懸殊非常嚴重，香港人一直引以為傲的幾大經濟支柱不少都出現了問題，好像香港貨櫃碼頭的處理貨運量已經由全球首位退下來，上海和深圳開始迎頭趕上。如果我們再不大幅度作出社會經濟上的改革，香港的情況便會「反覆偏弱」，難以起死回生，回復高度繁榮。

民主是香港唯一的出路。為甚麼呢？正如我之前曾說過，香港在彭定康的管治和黎智英的傳媒文化影響下，已完完全全變成一個開放社會。香港人每人都有自己的主意。在這樣開放的社會下，無論甚麼政策都總有人有意見，怎樣也無法滿足所有人的要求。要解決這個問題只有兩個方法，一是推行高度獨裁威權政府，以權力威嚇市民，令他們不敢發表意見。但這樣做卻等同將香港原來的開放社會打破，所付出的代價是非常沉重的。

開放社會，是人類文明進步的根源。人類文明的進步，就是容許個人擁有不同的意見，達致社會開放，資訊得以流通。即使某些人的意見是大部分人都認為是錯的，我們也不應抹殺他們表達意見的自由。而且，誰有資格去判斷一件事是對還是錯呢？舉一個簡單的例子，美國攻打伊拉克是對還是錯？所有說法都不過是某人在某時某地的判斷而已，最終真正的對錯是永遠無法有定論的。因此結果只能是權力最大的人說了算，其他人不准說相反的說話。

有人會質疑，資本社會裡擁有的所謂言論自由也是虛假的。這其實亦不盡然。無可否認，報館老闆固然掌握了報章的立場，然而不同報館的老闆的立場都有所不同，而且為了競爭銷路，自然會發展出多元化的言論，不能與政府統一思維的做法相題並論。在言論自由的環境下，市民可以選擇以出版地下報、派發宣傳單張等各種方式去傳揚自己的見解，但如果在一個統制思想的政權下，卻會連這些自由也沒有。

我曾經與前新聞處處長邱李賜恩爭辯為何不應禁止大部分人認為是淫褻不雅的物品。因為我們的社會，尤其是現今資訊發達的社會，是需要創新作為推動力。所有新的意念在最初必定是少數人的意見，創新的事物往往與現有的社會主流常規相反。很久以前，大部分人都認為是太陽圍繞大地轉動，有一天，有人提出大地圍繞太陽運轉的說法。若然人們在那時候立即禁止所有人去討論，那麼我們將永遠無法知道甚麼才是真理，因為真理並不一定是在多人相信的那一方。我們必須給予所有人發表自己信念的機會，然後讓大眾公開地去評論，那個想法才有機會慢慢由少數人的意見提升為主流。若將所有新的意念窒息於萌芽時，社會便會停滯不前。人類社會就好像生物圈，需要多元化才能不斷進步。

邱吉爾（註一）曾說：「民主是最壞的一種政治制度，除了所有其他曾被採用的制度以外。」（"Democracy is the worst form of Government, except for all those other forms that have been tried."）我們的問題是，我們正踏入非此即彼的抉擇中，若不是民主，又是甚麼呢？是不是認為由掌權者指派繼任人，將權力世襲下去的做法比民主較為合理呢？我們憑甚麼認為由掌權者指派的人會比我們自己選出來的人更好呢？

註一：邱吉爾（Winston Churchill，1874 —1965）：英國政治家、演說家、軍事家和作家，曾於一九四〇年至一九四五年出任英國首相，任期內領導英國在第二次世界大戰聯合美國、對抗德國，取得勝利，並自一九五一年至一九五五年再度出任英國首相。

由優點勝過缺點的人，就是他必然較善於與人民溝通和對民意較為敏感。

歷史證明了民主有三大不容置疑的優點。

第一，雖然每次選舉花費龐大，但民主政府擅權所要付出的代價，比權力鬥爭、宮廷政變等武力奪權方法為都低，而且文明得多。

第二，歷史上甚少出現民主國家與民主國家開戰的情況，因為一個真正民主的國家難以有足夠的意志力去發動戰爭。

第三，民主國家可以是一個腐敗的政府、可以是一個無能的政府，但卻永不會是一個殘暴的政府。像獨裁國家般鏟除異己的手段在民主國家幾乎沒可能發生。

若不以選舉方法選出特區行政長官，而是由北京指派一個人來管理香港，北京會選擇一個怎麼樣的人呢？這個人的其中一個才能必然是與北京關係良好，很懂得擦阿爺的鞋。一個擅長擦鞋的人是否等於擁有足夠的政治能力管治好香港呢？這就是董建華的問題。

另一方面，北京又憑甚麼去判斷哪個人有足夠的政治能力去管治香港呢？中國的社會體系與香港有極大的不同，情況就好像要一個乒乓球教練去擇選國家足球隊球員一樣，是十分荒謬的。中國那一套權力、社會和政治架構，根本就像活在另一個世界一樣，活在另一個世界的人，憑甚麼為我們挑選一個人來玩我們的遊戲，並且可以玩得好呢？誰可以知道香港人需要一個怎樣的特首，知道得比香港人本身更多呢？北京憑甚麼認為他的判斷比香港人的判斷好呢？

有些人常說香港的民主時機未成熟，但我卻認為香港是所有華人社會中時機最成熟的地方。民主要建基於法治，而香港的法治基礎是最穩固的。香港的人民質素，在斯文文明方面，也是遠遠抛離台灣和國內的人民。

又有人認為，香港會有五十萬人上街要求董建華下台是香港的短處，其實，這正是證明香港人有資格發展民主的長處。真正能長遠地發展民主的民族，是一個冷靜和會妥協的民族。因為在大家決定政策時，可能會出現五十一對四十九的情況，此時大家就需要作出一定的妥協。輸的一方要接受自己的失敗，勝出的一方亦要懂得顧及對方的感受，作出某些妥協。好像美國一些重要的任命，都必須民主共和兩黨一致通過，當中有著妥協的藝術。要令民主變得穩固，需要的是一個冷靜，而不是盲目去革命的民族。而香港人就有這樣的條件。

在學習民主的過程中，可能會選出一些不太好的人，也可能會制訂出不太合適的政策，但這是必須經歷的過程和代價。有些人懂得如何管治，是因為他們有機會去嘗試管治。若永不開放政權，讓人民有機會參與，就永遠不會有懂得管治的人才。而民主最可貴的地方，是人民可以利用文明的方法，去把不適合的管治者趕下台，透過不斷的和平更替，使社會不斷進步。

第二節　困境之掙扎

以往香港是一個溫和理性得有點離譜的社會，我們的社會充斥著「好孩子」、「好學生」，上課時完全不會喧嘩，更遑論走堂。無論在治安、社會秩序等方面，基本上香港均是亞洲數一數二的地方。後來，香港人的示威行動才漸漸稍為激烈，例如運輸及房屋局局長鄭汝樺曾經在活動中被搶咪。至於議會內的議員也一直守秩序地開會、投票、散會，然後回家吃飯，一切行禮如儀，直至長毛及黃毓民等的出現。

為甚麼抗爭情況會在近年開始漸趨惡劣呢？主要是兩大原因：首先，市民越來越覺得整個遊戲規則是不合理的，是一種結構性的不公義。我曾在有線的星期日時事節目中問余若薇，很斯文地在議會中提出修訂案投票有沒有用處呢？單是在政改一役，她的黨友吳靄儀提出了八十多項修訂案，無論當中的修訂有多合理，也是不會被接受，連一個標點符號也不可以改。而那些反對的人士，是無法訴諸投票，靠爭取民意來促成改變。因為在分組點票的機制下（註二），他們只需要在功能組別中擁有十五票，便可以否決任何議案。這情況就好像打橋牌，對方不斷出千偷牌，你仍然堅持乖乖守規矩，天天輸錢給對方。如果這樣，我覺得你實在是一個白痴。

其次，是要了解現今的青少年問題。無可否認的是，受到董建華繼八萬五之後提出教育水平大躍進政策的影響，香港青年受到副學士以上教育的人數大增。青少年教育水平提高了，但工作待遇卻沒有同步得到提升，更要面對高失業率的問題。他們懂得思考，亦付出了許多的努力，卻得不到適當的回報，自然會對社會產生憤怒。

現時香港青年表現的不滿和衝擊已經是極温和。如果青少年的不滿向其他方面發洩，後果堪虞。不滿即使不令青年人變成恐怖分子，也會像日本般出現非常多的校園欺凌事件，或者如美國般發生許多校園槍擊案。幸而，香港沒有發生這些情況。

作出激烈抗議行為的目的，簡單可分為兩個層次。第一，是想做些事情來引起公眾對某一件事件的注意。例如乖乖地寫公開信去投訴地產霸權的，根本沒有傳統傳媒會作出報道，去長江中心門前紮營瞓街，傳媒便會報道，從而引發社會反思行動背後的問題。

上述只是最初步的行為，進一步就要思考，是否可以利用這種行為來令對方尷尬和退讓呢？利用這些行動，是否可以促使更多人支持呢？例如美孚居民曾經二十四小時守著建築地盤不讓工程車進入和到周大福門外進行抗議，就是期望給予足夠的壓力，使對方終有一天要實際讓步。對方不但付出了聲譽上的代價，更蒙受了實質利益的損失。

雖然我認同抗議行動可達到一定的目的，但這又是否代表我是支持所有抗爭行動呢？答案是：不。

首先，若準備在大型示威遊行活動中作出比較激烈的抗爭行為，做之前必須先脫離大隊，不能要求

註二：香港立法會採用分組點票制，議案必須獲得地方選區及功能團體兩組別的各過半數出席會議議員支持，方為通過。自二〇〇八年的第四屆立法會，地方選區及功能團體各有三十名議員，故當一組別中有十五位議員反對，議案便無法通過。所以「分組點票機制」下，代表少數利益的功能組別議員，有能力否決代表大多數市民利益的地區直選議員所提出的議案，造成「少數否決多數」的不公平情況。

大部隊參與，因為在大部隊中進行很容易會擦槍走火傷及當中的其他成員。大部隊中會有老弱婦孺，他們來參加和平示威，是沒有被警方噴胡椒噴霧的心理準備。若你做了一些事令他們受到波及，被警方噴胡椒噴霧或帶走的話，他們便會被嚇怕，結果下次不敢再來，參與的人會越來越少。

以往在香港進行激烈抗爭行動是非常有規矩的。行動的人會留在大部隊最後面，待主要人群散去後才會開始衝擊，做的人自己負上抗爭的責任和危險。

其次，每一個做這種激烈抗爭的人都必須在事前已清楚自己可能要負上的法律責任。參與這種激烈行動的人，隨時有被撿控與入獄的機會。長毛（梁國雄）經常教導參與示威的人士，如遇上警方清場，必須先坐下，雙手抱頭，千萬千萬不要有任何反抗的動作，所有警察都是玻璃造的。他們抬你離場，若你不小心揮手碰到警察身體，就即會告襲警，足以讓你入獄。即使不怕坐牢，也要撫心自問怕不怕對前途有所影響。

激烈抗爭其實是公民抗命行動的一種，也是要付出法律代價的。甘地被政府拘捕，是不會作出抗辯的，他只會在法庭上讀出他的政治宣言和解釋行動背後的原因。

二〇一一年三月六日遊行中發生的衝突事件，就是源於雙方都沒有遵守過往的規矩。以往警方在行動前會有明確的訊號，示意即將清場，而示威者便會坐下來讓警方抬走。但當日警方卻突然行動，衝向示威者，而示威者亦結成了一個企立的方陣。一對抗，雙方的行為都超出了傳統的「遊戲規則」，因此令衝突升級。

除了要考慮其他示威者的安全和法律責任之外，在進行任何激烈抗爭行動之前，還要先問問自己，做這件事對推廣自己的主張有沒有幫助。即是説做完這件事之後，支持的人會增加還是減少呢？能否爭取到社會上更多的人支持呢？即使不能爭取到社會的支持，也不應令原本支持的人流失。所有社會運動都應以爭取越來越多的支持為目標，否則運動無法持續下去。若不僅不能爭取更多支持，而且會令原本支持的人反感的話，那不是反而對自己的主張造成傷害嗎？這樣的行動又有甚麼意義呢？

另一方面，在做這些激烈行動之前，必須有人能夠清楚向大眾講述出行動背後的目的和理念。必先有充足的論述，才能説服更多人參與支持。若只靠一股蠻勁，事情做完之後也不清楚為甚麼要這樣做，人們便會認為行動是為了搞事而搞事。

為了增加支持度，每次行動之前都應有足夠的時間宣傳背後的理念，要在大家都理解後才能去做，否則結果會截然不同。舉例説黃毓民第一次掟蕉，他在行動之前有充分的論述，而且他反對的是一件非常簡單的事，就是反對生果金設入息審查，因此大家都明白他的行動是為爭取甚麼而做。所以那一次掟蕉之後，他的聲望大增，而結果政府果然低頭，撤銷資產審查。第二次黃毓民撕財政預算案，就因為論述宣傳時間不足，結果對他的聲望造成了反彈。每次做這些激烈行動之前，論述必須充足清楚，令社會大眾有足夠的心理準備。

其實香港貧富懸殊如此嚴重，這些溫家寶所講的所謂深層次矛盾，是很難不陸續反映在這些抗爭行動之中。

這些深層次矛盾包括了整個政治遊戲規則的不公平及傾斜。選舉委員會、功能組別等，都是握在少數人手中，令市民長期感覺受到不公平的對待。如果這兩個問題不加以解決，我們只會看見激烈抗爭問題越來越嚴重。不是政黨利用了這班人，事實是政黨根本控制不了他們。連公民黨也有黨員去瞓街示威，相信很快連民建聯也得去瞓街。那些黨員根本完全不受黨指揮。在未來，這個問題只會繼續惡化。

二〇一一年七月一日，大會宣佈遊行結束，有兩支隊伍決定留守。其一以八十後及社民連為首，他們衝破警方防線，衝出中環干諾道中靜坐，阻塞交通。另一支則是集結於修頓球場外的人民力量隊伍，開始再起步操往中環方向，本來預備遊行往禮賓府，但隊伍被警方在途中截停，於是改為於中環靜坐示威。結果，兩支隊伍都由警方清場抬走，被拘捕者二百三十多人。

今次事件連同近年於立法會所發生的事（即包括掟蕉、掃枱、某些議員被驅逐出立法會等），都牽涉到香港爭取民主和社會公義的方法的論爭。

民主制度是一套用以決定政權誰屬和主要政策的方法。要實行民主，必須包含兩個層次的原則：第一，遊戲規則必須相對公平，雙方都要能夠接受，絕不能夠永遠只有一方有機會勝出。若一方面永遠沒有勝算，這套程序是無法維持下去的。

第二，是勝出的一方必須能自我克制，勝出後所做的事絕不可刻意傷害敗方或觸發敗方的極端厭惡情緒，否則敗方堅決不接受遊戲規則所產生的結果，無法和平解決，最終也是落得內戰收場。

説到底，民主到了最後其實是政府的轉換。在選舉中落敗的一方之所以能接受「被轉換」，是他們知道被轉換後沒有隨之而來的後果。對方不會刻意訂立一些他們會堅決對抗的政策，也不會利用手上的公權力去迫害他們。

現時我最服膺的抗爭方法，是非暴力的公民抗命。

這套非暴力的公民抗命抗爭方法，由甘地開始流傳至今，一直非常有效，甚至比革命更加有效。最近發生的事件，無論是突尼西亞也好、埃及也好，只需十多天便可將政府推翻。在事件中，雖然人命傷亡還是有的，但相比起所謂的革命和游擊戰爭，兩者所帶來的人命傷亡實在相差很遠。

在現今社會，假設有人因為政府不堪而在廣場上發起示威，得到許多民眾的支持，於是政府要出動防暴警察試圖鎮壓。然而出動防暴警察並不是萬試萬靈的妙策，相反鎮壓失敗的機會率相當高。事實上，防暴警察能採用的鎮壓方法不多，水炮甚至催淚彈在面對數以十萬計的示威群眾時，其實只可達到驅散的作用，不一會兒群眾便會在另一個地方再次集結，防暴警察沒可能在整個城市佈防。加上警察可以擲催淚彈，群眾也可以擲石頭，而群眾遠比警察多。

由於防暴警察接受過訓練，專門負責對付示威群眾，因此他們的意志通常都十分堅決。但當群眾的數目超過某個限度，或示威在全國不同的城市同時發生時，政府就沒可能有足夠的防暴力量對付全部示威群眾。於是群眾便會開始包圍警察局、政府機構及電視台等，令事情變得非常麻煩。這個時候，只剩下一個選擇，就是宵禁、出動軍隊。

然而此令一出，政府便會陷入一個非常危險的處境。全球大部分國家的軍隊都是來自人民，要軍隊向人民開槍，只會造成更重大的傷亡，而更重大的傷亡，只會引發更多人上街。到了這一刻，軍隊能不動搖嗎？

在過去數十年所發生的類似事件中，每每都是到了這個關頭，軍隊開始分裂成兩派。軍隊的職責是對付外侮，因此當政府下令要軍隊將槍口指向人民時，部分軍隊便會對命令的合法性產生極大的懷疑。同

2011年七一遊行（網友 kameyou提供）

時，任何政府都有當權與在野兩個派別，在野派理所當然地會反對政府鎮壓人民，他們的說法對軍隊也有一定的影響力。因此，軍隊的反應是難以估計的。以蘇聯瓦解前的政變為例，蘇聯當時共有二百多萬軍人，但在那次政變中真正動用到的只有數千人。原因並非不能，而是不敢，因為發動政變者根本不能確定軍隊是站在誰的一方，萬一軍隊倒戈將萬劫不復。

我看過不少討論抗爭方法的經典研究書籍，都認為人民不應在抗爭過程中使用暴力，因為使用暴力是用自己的弱點去對抗對方的強項。人民沒受過訓練，根本不懂得如何去使用暴力，而軍隊除了有專業的訓練，更有完善的武器配備，人民非常吃虧。

人民最有力的武器是「道德」。

當年甘地反對歧視有色種族的政策，發起印度人集體焚燒「登記證」，在甘地焚燒「登記證」時，警察用警棍毆打甘地，制止他把「登記證」丟向火爐，但無論被打跌多少次，甘地仍堅持拾回「登記證」繼續焚燒，最後甘地終於用他顫抖著的雙手把「登記證」丟進了火爐。甘地堅持不用暴力去回應對方向自己施的暴力，因為當一方不停用暴力去對付不用暴力的一方時，無論最後結果如何，用暴力的一方在道義上已經輸了。

回說香港的處境。有部分人認為我們不應該做那些掃枱、掟蕉或阻塞交通之類不守秩序的行為，原因是這些行徑會令小孩子「學壞」。由於提出以上歪論的人不少，因此我在此先反駁一下關於小孩子學壞的問題。

假若小孩子看到甚麼都會模仿、都會學壞的話，那麼小孩子首先不可以看電視，因為電視每天都有關於罪案的資訊，電視劇每晚都上演各種罪案，連卡通片都會有打架場面。如果世上的所有壞事都不能讓小孩子看到，就等於要孩子在無菌室中長大，結果只會令小孩子不知人間險惡，一天他與社會接觸時，便會立即被「細菌」殺死。我們不要以為小朋友不懂得分辨處境然後決定有何行動，他們首先學習的，是父母的價值判斷，所以父母的身教是最重要的。

一九九九年，我約李柱銘見面，我對他說，我不知道他們到底在幹甚麼。後來，我又問鄭家富，市民將選票投給他們，他們又有沒有為市民爭取到一丁點的民主呢？當時他回答我說，若在未來四年仍然爭取不到，他便不再當立法會議員。結果，轉眼已過了十二年。

在過去十二年，香港的民主有沒有一絲一毫的進步呢？答案是完全沒有。以民主黨為首的「泛民」現在只敢說他們是成功防止了民主倒退，但成功防止民主倒退是否真的與他們有關也是非常大的疑問。

現時香港行政長官是由數百人組成的選委會選出，而選委會的選民又包括了五花百門的法團票及公司票，而當中有近八成選票的投票意向會間接或直接受到北京影響。

香港的立法會只有一半議席是由直選產生，另一半屬功能組別。我問問大家，功能組別到底是依據甚麼原則來劃分的呢？如何達致公平？若以界別對經濟的貢獻作準則，會發現許多界別是互相重疊的，例如在一間出入口公司裡，有人從事會計、有人負責運輸物流、亦有人負責購買保險。因此說穿了，功能組別的準則就是沒有準則。香港漁農業幾近消失，但漁農界在功能組別仍佔有一席。唯一的解釋，就是現在的劃分方法能令北京控制到最多的功能組別選票，只要北京或西環「吹雞」，便一定夠票通過（或不通過）任何議案。

在這情況下，意圖在議會中講道理都只會徒勞無功。正如通過政改方案之前，公民黨吳靄儀提出過百項修訂，有些只是文法或標點符號錯誤，然而功能組別就是鐵了心要一個修訂也不能通過。當制度內的人自恃夠票，完全不講道理時，「講道理」這個前提已經是不存在。

議會裡，保皇黨建制派永遠超過半數，凡是泛民贊成的他們都反對，在這個局面下，我們能做些甚麼呢？香港人陷在這個僵局之中已經二十多年。由基本法頒布到現在，情況沒有絲毫的改善，不公平的處境仍然持續。我們必須思考是否需要為民主多做一點事情。

為甚麼我們要被迫使用更加創新、更加特別的抗爭手法呢？因為若繼續因循以往的抗爭方法，泛民便會淪為建制派的花瓶，作為扮演反對的角色，演完戲之後便安心回家吃喝拉睡，實質上沒有真正反對的能力。

在一次聚會中我曾提出一個很好的比喻：現在的情況就好像跟別人下象棋，我每次只可走一步，但對方卻可走兩步甚至更多。我要依足棋例走每一步，但對方的「馬」可行田、「卒」可後退，而且更可以在眾目睽睽之下偷棋換棋。市民選出議員作為代表去與對方「下棋」，但議員眼看對方天天偷棋，偶然不小心輸了一仗就修改「棋例」堵塞漏洞，卻不吭一聲，依舊天天安份地跟對方下棋，天天將選民交付予他們的東西向對方進貢。到最後，我們只能懷疑這些議員與對方合謀「出老千」，欺騙選民。

政府和建制派現時所做的事，完全是自恃著人多欺負我們人少，恃著擁有武力，就「強姦」民意，但部分泛民卻完全沒有抗議的意圖，實在非常可疑。

現時市民並非要求泛民議員改以暴力抗爭，所謂的掟蕉、掃枱，甚至阻塞交通等行為，其實不過等於在不公平的「棋局」中大聲抗議，高呼「你奸茅！」「你出老千！」而已。然而這種「大聲嗌唔好」的行為，卻被指責為粗魯、暴力、不守規矩。

早在一九九〇年，我已向李柱銘提出疑問，奇怪他們為甚麼不採取議會抗爭的方法？我完全同意議會抗爭手段不可以隨便使用，但在重要議題上，例如在通過二十三條、政制改革的議題上，為何不可利用拉布戰術呢？不單在二十三條討論時拉布，而是所有立法會議案都拉布，這樣的話立法會的運作肯定立即崩潰，政府就不得不跟你妥協。民主制度的其中一個精神，就是大多數不可以欺壓少數，少數聲音能有機會與政府對話講道理。

香港人遊行，最激進也不過是靜坐抗議。警方進行清場，靜坐人士不會反抗，只會乖乖等待被警察抬走。放眼全球，即使是所謂文明的國家（如德國、法國、英國）的示威遊行活動，亦是動輒放火燒車，而在我們更文明的祖國，示威更是動輒攻擊公安局。然而現在人們卻覺得香港社會很動盪、香港人很野蠻，實在令我莫名其妙。

在不公平的情況下，少數聲音使用一些稍為脱離常規的抗爭手段，目的是要吸引市民大眾的注意，如同遇劫時大聲呼救，令大眾留意政府或建制派是否真的有做出不公義的行為，並希望透過不斷發聲，引起越來越多人的注意，結集更多支持的力量，最終令政府的管治成本越來越沉重。舉例説，上次拘捕二百多名留守示威者，已幾乎耗盡港島區的警力。若留守人數超過一千人，警方便無法應付，沒有足夠的人手去落案和口供。當政府的管治成本高到某一個程度，政府就不得不作出某程度的妥協。

如果在香港也不敢作出抗爭的話，還有甚麼地方可以抗爭？

香港，是北京的「阿基里斯之踵」（Achilles' Heel）（註三）。香港的民主派與北京政府的關係，就好像兩個人在玩 Show Hand，大家都是「二仔底」，大家都在暗自膽怯，強裝鎮定。漸漸，北京政府發現香港民主派原來是甚麼也不肯做，無論如何都不敢冒險多行一步抗爭，而且黔驢技窮，來來去去只有三招：投票輸了，便號召市民上街遊行；號召市民上街，卻沒有群眾支持。號稱香港第一大反對黨的民主黨發起的遊行，參與者往往只有三數十人；最後就是絕食抗議，但大家都知道，民主黨的絕食是限時「接力絕食」，而且絕食期間可以喝雞湯。其他抗爭方法包括玩推骨牌，已算是最破格的抗爭橋段。所謂黔驢之技，就是如此，萬一被別人看穿，便不再對你有所顧忌。

北京政府曾屢次試圖在香港施威，卻發現無法堅持，因為北京的處事風格是經過一番施壓之後便要拘捕一些領導分子，啟動專制機關鎮壓，殺一儆百。但這個方程式在香港卻行不通，中國式拘捕異見分子舉動會引起社會極大反彈，而且香港的起訴程序繁複，根本無法控告所有人。在這種形勢下，還有甚麼要害怕呢？而且「送上門」讓警察拘捕，看到最後政府可以拘捕多少人，也是其中一個非暴力抗爭手法。只要人數夠多，香港的警力甚至監獄都無能力應付。

香港的民主派以因循守舊的方式爭取民主已經二十年，根本是耽於逸樂，用他們的抗爭「三招」混飯吃。雖然當立法會議員不能賺取豐厚的收入，卻可擁有崇高的社會地位，對此他們已經心滿意足。即使在爭取政改或二十三條等最重大的議題上，他們都意圖得過且過，佯裝反對，擺擺姿態就算，根本沒有決心爭取到底。這就是以民主黨為首的、我稱之為「建制民主派」的人士的真面目。他們基本上已變成另一種形式的公務員。他們與民建聯一個唱紅臉一個唱白臉，一起為議案順利通過護航。他們認為只要扮演好反對的角色，便已算完成任務。過去二十年，這班建制民主派一直過著如此舒適的生活。

奇怪的是，香港人相當遲才發現這個真相，而我則早在一九九八年已感到不對勁。香港市民竟然比我忍耐多十數年，直至近兩、三年，醒覺的人才漸漸多起來。所以近幾年，香港的政治版圖開始轉變，尤其有人開始嘗試運用一些創新的抗爭手法，就令更多人發現過去民主派所謂的爭取，不過是民建聯的一體兩面，根本沒有堅決去維護市民大眾的利益。

註三：「阿基里斯之踵」(Achilles' Heel)：阿基里斯是古希臘神話和文學中的英雄人物，參與了特洛伊戰爭，被稱為「希臘第一勇士」。傳說阿基里斯的母親是不死的神忒提斯，她希望自己的孩子不死。在阿喀琉斯出生後，忒提斯照樣捏著他的腳踝將他浸泡在冥河斯堤克斯中，使他全身刀槍不入，但他卻怕里斯一箭射中了腳踝而死去。因為腳踝被忒提斯手握著，沒有浸到冥河，此即西諺「阿基里斯之踵」的來源。後人常以「阿基里斯之踵」譬喻再強大的人物，也有致命的死穴。

第一次出現改變，是二〇〇四年長毛梁國雄成功獲選入立法會。二〇〇八年，除長毛成功連任外，黃毓民和陳偉業的加入，亦加速了形勢的轉變。

我預計二〇一二年選舉，民主派勢力的分佈將會來一次大洗牌。北京政府自以為得計的，是民主派的一成不變，所以當香港的民主派不再跟以往一樣時，北京政府便立即措手不及。北京政府習慣於舊民主派的做事模式，對他來說，舊民主派甚至已成為建制的一部分。試想想有多少民主派人士曾獲特區政府頒發紫荊勳章？這些人其實一直與政府充分合作。現時湧現的一批新民主派人士，著實令北京政府頭痛不已，不知該如何對付。

如香港的示威者使用暴力，政府就可理所當然地用暴力還擊，但如果示威者使用和平抗爭手法，政府依然使用暴力對付的話，特區政府便會受到全世界的道德制裁。香港是一個沒有秘密的地方，政府的一舉一動都在全球人類的眼皮底下，受到監察。

打個比喻，現時香港政局的情況，就如一些灰塵落在豆腐上，既不能撣，也不能拭。又如瓷器店打狗，打不得，若香港出現任何問題，樓市首先崩潰，香港最高價的豪宅都在內地大款手中。股市如果大瀉，那些在香港上市的國營企業亦會重創，大家同歸於盡。

我們必須要知道北京政府的顧忌就在於此。在知道他的顧忌所在之後，就要利用這一點，不停向他施加壓力，要他在壓力下逐點逐點讓步。

持續地給予壓力，是我主張的抗爭策略，而這亦是歷史上眾多偉人，經過時間的沉澱所承繼下來的策略。只有這樣做，才是對香港的民主運動有所承擔，對中國的民主前途有所幫助。

第三節 It's never right

香港經歷超過百年的殖民統治，在最早期的殖民年代，英國管治香港的政策與其說是精心計劃，不如說是碰巧得來的成果。在那個時期，殖民地政府管治的最高原則是「不蝕本」。

那時候的香港人大部分都只是過客，他們不視香港為自己的根，在香港討不到生活，大可回鄉去。我發現早期來港的人都有類似的經驗——他們由鄉下來港打工賺錢，留在鄉下的父母為怕他們就此一去不返，在香港落地生根，於是在他們臨離開之前，都要他們先在鄉下娶妻生子，才讓他們到香港謀生。獨自離鄉別井工作，自是生活苦悶，結果不少人都在香港再娶。於是，又有一些國內貧苦婦女來港充當作為二奶的任務。可笑的是，十多年前開始，這個處境開始逆轉，變成越來越多人在港娶正室，然後回內地娶二奶。

由於以前香港人基本上是過客，英國殖民政府又不肯做「蝕本生意」，因此不願承擔所有香港人的福利。然而這一個處境自七十年代以後開始逐漸改變。

自六〇年代，香港陸續增加的福利包括各種的勞工福利和保障規範，例如長期服務金、遣散費、法定假期、公積金，以至二〇一一年新增的最低工資。其他福利還有綜援，以及各種不論貧富、由政府提供的各項資助計劃，主要包括了教育和醫療方面。香港的社會福利發展至今，雖然已有一定的進步，但與世界其他先進國家相比，仍有一定的距離，例如最近港人開始關注的全民退休保障的問題等。

近年，香港某些團體或個人，如獅子山學會及張五常，高舉右派旗幟，提倡不去照顧那些不去努力工作或不奮鬥的人，認為這樣做對社會較好，因為為那種人提供照顧和福利會令失業率增加。這些論調逐漸變成了「社會達爾文主義」（註四），即是優勝劣敗，容許失敗的人被淘汰。

這種說法，在哲學層面上是要加以堅決反對的。

直至近年我才明白，為甚麼社會上會同時存在著左派和右派的思維。基本上右派思維提倡的重點，是強調個人的自由；而左派思維所強調的是公義。那麼在哪一點上，個人的自由是應該受到約束以彰顯公義的呢？

這個問題，可以從演化心理學的角度去分析。人類的大腦有不同的層次，這是我們經常會感到矛盾的原因。腦幹是大腦最基礎的部分，人類的腦幹基本上與爬蟲類的腦幹沒有分別，都是指揮控制呼吸、心跳等生存基本機能，而這些全是由我們的ＤＮＡ所直接支配的。

現今科學的認知告訴我們，基因的最高原則，就是基因本身的傳承，基因的考慮甚至與種族、族群或生物分類等因素完全無關。即是說每個人的基因只會考慮如何最有利於自身的傳承，而不會考慮這樣做的話人類會因此得益還是有害。這一個原則是最根深蒂固、最基本的人性。要達至這個目標的其中一個方法，就是個人能力和自我的充分顯示，而這種自我的充分顯示，基本上就是人生在世的各種「自由」。

在各種關於自由的理論中，都指出產權與個體自由亦是不可分割的部分。若個人私產可以被無條件

註四：「社會達爾文主義」：社會達爾文主義是將達爾文進化論中自然選擇的思想應用於人類社會的一種社會理論。他們主張人類必須為了在未來能夠生存而競爭，因此不應給予窮人任何援助，任何人必須要靠自己養活自己。

地奪走，其實是等於對人的勞役。因為人們工作勞動，並不是為了興趣，而是透過勞動賺取金錢和資產。如果有人可以隨時奪走你勞動所賺得的資產的話，你便變相成為了那個人的奴隸。上述所說的都是關於我們的第一人性。

在第一人性之上，我們又有第二天性。第一人性與第二天性經常都會產生矛盾，有時第一人性壓倒第二天性，有時則相反，第二天性優先於第一人性的考慮。以「餓死事小，失節事大」為例，失節是來自第二天性，有些人會選擇餓死保節，有些人卻選擇放棄氣節保命，因此不可以一概而論哪一個人性勝於另一個天性，雖然在一般的情況下，決定不餓死的機會比寧死不屈的機會大得多。

人類的第二天性源自幾個重要因素，其中最重要的因素，是我們有愛。

人為甚麼要有愛呢？愛，是哺乳類動物發展出來的獨有天性。哺乳類的幼年期相當長，脆弱而需要照顧，若沒有愛的話，就很難令父母肯為承擔養育子女成長作出犧牲。父母即使自己不吃也要給子女溫飽，只要看到子女快樂便覺得滿足等等，都是因為父母對子女有愛。愛的基本，就是犧牲。父母之愛，是眾多種愛情中最原始的，其他的種種，都是由此衍生。

第二天性的另一部分又是源自甚麼呢？人類是一種社會性動物。在這個世界上，有社會性動物，也有完全個體生活的動物。但即使是完全個體生活的動物，最低限度亦需要有母子之間的愛，因為要負起養育幼小的責任。以狗為例，平時雄性狗看到其他年幼狗會將牠咬死，但雄性狗在伴侶生產後，小狗會自然分泌出某種費洛蒙（Pheromone）（註五），令雄性狗不但不會攻擊毫無自衛能力的小狗，而且會主動餵養牠。

動物在這種天性的影響下，產生出最低限度的社會性需求。這些需求主要是來自母子之間，然後就是來自兄弟之間，不過兄弟之間的社會關係就更複雜了，在此暫且不討論。父子之間則不一定會產生出這種社會性需求，因為不少父親都是不負責任的，隨時會拋棄妻兒，但母子之間一定有感情，一定有愛。在《水滸傳》中，當中寫李逵到山中遇上了一個老虎家庭，有一公一母和兩隻小老虎在一起生活，這樣的老虎家庭在現實中是不存在的，全是小説家的想像，因為老虎的天性獨來獨往，公老虎根本不會留在母老虎和小老虎身邊。

動物選擇單打獨鬥還是以社群式存在，完全是取決於哪一個方式對基因存在更加有利。即是説，個人選擇在社群中存在，並不是因為個人存在於社群中會對整個社群有利，而是因為在這樣的社群合作之下，個人的基因的存在與存承機率會增大。

如以總重量來計算，世界上最成功的生物是螞蟻。在地球上，人和螞蟻的比例是一對一百萬。而螞蟻及牠的天敵白蟻都是社羣生物，都是依靠互相合作而生存的。在社群合作的模式之下，螞蟻的基因能成功傳承的機會果然大增，因此螞蟻是可以為了整窩蟻的生存而犧牲自己，然而在牠們犧牲自己的背後必須有一個巧妙的原因，就是每一隻工蟻都是姐妹，而且基因是完全一樣的。與人類的分別是，不同的人即使是兄弟姐妹，都只會有一半基因相同，所以對螞蟻的基因傳承來説，失去哪一隻都沒有分別。

註五：費洛蒙（Pheromone）：也稱做外激素，是一種由動物體內分泌的物質，能夠讓同種動物透過嗅覺互傳信息，營造出自然舒服的和洽氣氛。

那麼人類又怎麼樣呢？

人類作為一種社群動物而存在，已有超過數百萬年的歷史。人類的祖先以族群的形式生活其實有不少好處，例如大家可以互相照顧幼兒，不會讓敵人有機會趁父母外出覓食時傷害幼兒，又例如可以流輪站崗，設立警報系統，減低受到突襲的機會等等。有了這些群體生活的好處，生存機率確實有所提升。即是說以族群形式有利於實行某種程度的分工合作，而因此個人的生存機會亦增大。

近代文明更加是在大量的社群合作的基礎上產生的，因為經濟效益是產生自分工的。人口密度必須要夠高，才能作出更細緻的分工。在亞當．史密斯（Adam Smith）的《國富論》（The Wealth of Nations）中已在原理上說得非常清楚，指出專業分工對促進產量的重要性。若生活上的每一件用品都要由自己生產的話，效率會相當低。普通人花一整天都造不出幾口針，但掌握造針技術的人卻可造出很多。於是人各自做自己擅長的東西，然後互相交換，就產生出經濟效益。近代所謂的環球化亦是這樣的一個過程，不過交換的規模更大、範圍更廣。而我們的大部分財富就是由此產生的。

論述至此，又牽涉到天性中另一個原則，就是動物為甚麼要互相幫助呢？以狼為例，若狼群中有隻狼因生病或受傷而暫時失去覓食的能力，其他狼必定會幫助牠，給牠提供食物，不會任由牠餓死。因為那隻受傷的狼是有機會痊癒的，康復後牠便可以繼續幫忙狩獵，所以之前對牠的照顧是會有回報的，而且其他狼隻也會有受傷或生病的機會，也有需要其他狼照顧的一天。因此在這個交換的過程中，是大家都能得益的。

人類在體格能力上不及其他動物，人類之所以能優勝，是由於人類較懂得分工合作，於是互相幫助漸漸根深蒂固，變成人類其中一種第二天性。

孟子所謂的性善説（註六），指人有惻隱之心，不忍看見有人在面前餓死而不給予救援等感覺，已經變成人的自然感情的流露。我們看到有人遇到危險，自然反應就會出手救援。

而事實上人性中某些更加細緻的地方，也是源自於這一種天性。例如，我們會在意別人對自己的看法。如果自己受到許多人的愛戴，我們會感到快樂，享受作為名人的感覺。因為我們是一種依靠社群而生存的動物，若得不到社群的接受，要一個人獨自生活的話，死亡的機會便會倍增，所以我們會特別著緊是否得到社群的接受，亦因此我們在做任何事之前，都會先想想別人會怎麼想。

大約六年前，我才恍然明白為甚麼大多數青少年會寧願與朋友去逛街，也不願做功課，以及為何不喜歡父母管束他們。

在人類的天性中是沒有做功課這種東西，做功課其實是違反人類天性的，反而跟朋友一起到街上逛才是符合天性的行為。追溯遠古人類仍然是猩猩的時候，是會將十多歲、開始成熟的猩猩趕離社群，目的是避免亂倫。被趕出社群的年輕猩猩要繼續生存，唯一的方法就是加入另一個社群，而這些社群就是由其他被趕的年輕猩猩所組成。透過組成這些臨時社群，年青猩猩就可以互相照顧。如果有猩猩得不到這種臨時社群的接納和照顧的話，這猩猩一般無法繼續生存下去。所以對年青人來説，跟朋友去逛街比做功課和

註六：性善說：孟子的提倡性善說，認為人有善四端，即「惻隱之心」、「羞惡之心」、「辭讓之心」、「是非之心」，亦即「仁」、「義」、「禮」、「智」的源頭。

聽父母的意見都重要。

在過去數百萬年，都沒有上學讀書這回事，青少年是在到處闖蕩的過程中取得經驗，而這些經驗對於青年人的將來有決定性的影響。因此即使到現在，年青人這種不斷爭取經驗的天性仍然經常壓倒讀書做功課的責任。

由於這個基本道理，我開始明白為甚麼在不同社會中，左派思想都必定有它的群眾基礎。社會裡所謂的公義，其實就是大家如何維持族群的和諧，以及利益的平衡。我們可以想像，在一個人口稠密如香港的地方，不去照顧弱勢貧窮的人，會對社會治安造成何等程度的威脅。結果可能付出更大的代價。即使不談這些功能性的因素，單就人性來說，如果你是一個有錢人，住在物質豐裕的大屋，但一步出屋外卻見到飢民處處，面對這種境況，你是不會快樂的。

以上所講的，在哲學層面上反駁了獅子山學會和張五常所講的論述的第一個層次。照顧社群的其他分子是人的天性的一部分，但這只是第一哲學層次。若要提升到第二個層次，就要說到約翰．羅爾斯(John Rawls)的《正義論》（A Theory of Justice）。《正義論》中所說的，基本上就是人以為自己從社會所得到的財富，全是因為自己的勤奮與智慧的假設是錯誤的。個人的勤奮與智慧只是成功的少部分因素，另外大部分是來自幸運。反過來亦一樣，社會上有些人不能夠照顧自己，並不全因為他懶惰、不努力或愚蠢，而是因為他運氣不好。

張五常等人認為，社會不應該幫助那些身體健全卻不肯去工作的人，認為他們有選擇餓死的權利。這種說法有多荒謬，實在是不用多說。不工作並不等如選擇餓死，選擇餓死的人要達到目的的唯一方法就是絕食。那些不工作的人可能只是選擇不做某些工作，卻並不表示他選擇餓死。

在討論這個問題之前，我們必須回歸問題的基本——在這個社會要賺到錢或取得成功，最基本的因素是甚麼？在中國古時，成功最重要的一環就是科舉成功，做大官是當時所有人的目標。然而古時的人都已懂得「一命二運三風水四積陰德五讀書」的道理，努力讀書並非唯一的成功元素。

回歸最基本的哲學層次，這個社會可以影響個人成敗的因素實在太多，多至一個難以計算的程度。人是無法控制所有因素的。無論多聰明、多勤奮也好，也要事情的發展跟自己計劃的一樣，沒有其他因素突然插入，才會達到預期的成果。

舉一個大家都容易明白的例子：假如你是一個很聰明很勤奮的人，憑你的聰明才智，你發明了一種很棒的產品，建立了一間很完善的工廠，你傾盡全力投在這間工廠之上，你做夢也不會猜到最後你全面失敗的原因是你的工廠建了在福島附近。這一個因素與你的聰明才智和努力有甚麼關係呢？

西洋史上古往今來最備受推崇的四個大將軍，分別是漢尼拔（Hannibal Barca）（註七）、亞歷山大（Alexander the Great）（註八）、凱撒（Gaius Julius Caesar）（註九）和拿破崙（Napoléon Bonaparte）

註七：漢尼拔：北非古國迦太基著名軍事家，生長於古羅馬共和國勢力的崛起的時代。自小接受嚴格和艱苦的軍事鍛煉，在軍事及外交活動上有卓越表現。現今仍為許多軍事學家所研究之重要軍事戰略家之一。

註八：亞歷山大：亞歷山大維持了馬其頓領導的統一希臘諸城邦，更以短短十多年的時間，不斷征戰，征服了波斯及其它亞洲王國，直至印度的邊界，建立一個橫跨歐、非、亞三洲的大帝國，是歷史上重要的軍事家之一。

（註十）。多數人都認為四人當中以漢尼拔最為厲害，他在坎尼戰役中的表現，堪稱是殲滅戰的完美示範。但最後他卻不單戰敗，而且自殺收場。拿破崙的命運亦是如此。

做生意的道理亦一樣。坊間傳說李嘉誠曾三次瀕臨跳樓邊緣，如果當日他真的跳了，就沒有日後的事業成就。以李嘉誠的天才也會有如斯絕境。換一個角度說，當年他賣「橙」賺了千多億，轉而投資3G電話卻蝕了二千多億，若不是遇上蘋果發明iPhone，將3G電話市場徹底改變的話，根本不知道要虧本至何時方休。蘋果研發出iPhone，對李嘉誠來說完全是意外，與他的聰明和努力都無關，但這一件事卻挽救了他的事業。否則雖然他仍然是有錢人，但他的一生卻可能要以不光彩的失敗收場。

進一步用更細緻的理由去推敲有關成功是因為聰明才智和努力還是運氣得來的問題。首先我們必須明白，人的聰明才智是分為許多種的。其實大部分人的才智水平都差不多，只不過有不同的偏向。於是其中一個很大的運氣成份就是你所擁有的聰明才智是不是時代所需要，或者這個社會所產生的機會是否能讓你的聰明才智得以發揮。

假設世上有兩個人，一個是寫八股文的天才，一個是打高爾夫球的天才，若他們生在三百年前的中國，高爾夫球天才肯定要預備餓死，寫八股文天才卻有機會高中狀元，甚至當上宰相，飛黃騰達。但若將二人搬到三百年後的今天，寫八股文天才便很可能潦倒一生，但高爾夫球天才卻可有過百億的收入，受到近乎國家元首的待遇。能夠用棍將球準確地擊到目標位置這種才能很優越嗎？不過是社會剛好製造出一種叫「高爾夫球」的運動出來，他能有優厚的收入和待遇，其實都是社會給予他的機會，是運氣。

另一方面，若純粹講求勤力的話，社會上不少人也十分勤力。農夫每天辛勤耕作，苦力每天來往搬運，他們都是十分勤力的一群，他們是否也應該發達呢？事實是不見得這些人全都發了達。

天賦，是不容許我們選擇的。我們是否擁有一種適合所身處的時勢的才能，或即使是同樣的時勢，但社會的法規有所不同，都可以令一個人的命運有天壤之別。舉例説，若香港像美國一樣有健全的知識產權和版權法例，作者可以收到應有的版權費的話，以我多年來創作的電視劇電影作品在香港及國內的播放次數，過去十多年我應該可以早已退休不幹，坐待巨額版權收入。

一些在一般人眼中的個人選擇、非常惡劣的品性和行為，例如懶惰、吸毒、嗜賭、酗酒等，其實也是天賦的一部分。因為我們體內的遺傳基因，使我們身體內的神經傳導物的數量也有所不同，對刺激的反應也有所不同。

有些人天生不會因任何事物而感到快樂，除了賭錢。於是，他要控制著不去賭錢的難度當然比一般人為高。甚至有不少以往人們認為是自甘墮落的行為，在今天卻被發現原來是病態的一種。例如有些學生

註九：凱撒：出身於貴族家庭，是羅馬偉大的軍事統帥。他花了八年時間征服了高盧全境（今法國），還攻打了日耳曼（今德國）和不列顛（今英國）。羅馬將領和元老院聯合出兵反對凱撒，但被凱撒打敗。此後，凱撒成為獨裁的執政官，集軍政大權於一身。

註十：拿破崙：歐洲歷史上偉大的軍事統帥之一，一生馳騁戰場，指揮大大小小一共六十多場戰役，其中四十次獲勝。他善於將各種軍事策略運用於實戰之中，尤其是主張將火炮集中使用，以及充分發揮騎兵的優勢。他帶領的法國軍隊，曾經佔領過西歐和中歐的大部分領土。他是法蘭西共和國近代史上著名的軍事家和政治家。

上課不專心，無法集中精神，是因為出現注意力不足症，可以靠藥物治療或者行為治療去改善。過去人們不知道這是一種病，就會認為不好好去讀書是那個人「抵死」。

既然我們身處在一個關係緊密的社會，而我們無法得知誰幸誰不幸，那麼幸運的人稍微照顧一下不幸的人亦不算過份。

若以純經濟學的角度去反駁張五常等人的説法，追求失業率維持在極低水平，對社會經濟效益是不是就最好呢？這個説法值得懷疑。

舉個例子説，假如我們對失業人士完全不給予援助，當有人花光所有的錢，不工作的話明天就會餓死時，他便唯有選擇去做一些較低下的工作，例如清潔工人。當上清潔工人之後，由於工時長收入低，無暇去進修或作其他嘗試，於是一當便當了二十年清潔工人。然而，若果社會對他能給予一點幫助，使他有足夠的時間去找尋及選擇一份較適合他的才能、較喜歡的工作，例如他懂得和喜歡繪畫，最後他選擇去做插畫師，那麼他在這個工作崗位上絕對有機會有更好的發揮，最後甚至可能成為插畫大師。這樣的話，他一生對社會的貢獻，相對於當一生的清潔工多出多少倍呢？

《哈利波特》的作者羅琳就是最好的真實例子。羅琳在未寫成《哈利波特》之前，是一個領取綜援的單親媽媽。每個月幾千鎊的綜援金讓她有空間繼續寫作，結果寫出了一部《哈利波特》。羅琳為英國賺取了多少錢？為世界添加了多少的娛樂？若當時她要為了生活被迫去當清潔工的話，這個世界便不會有《哈利波特》，幾百億的產值亦因此消失。

羅琳的例子亦正好説明了幸運對成功的重要性。若她身處的國家不是有完善的版權法，她便不會因為出售《哈利波特》小說、電影等的版權而獲得巨大利益。

但在距今沒多久的三百多年前，卻有一個截然相反的例子——曹雪芹。他是《紅樓夢》的作者，寫作天才不容懷疑，但卻因為沒有社會福利，也沒有版權法，他所寫的書雖然非常受歡迎，卻只會被人傳頌抄閱，沒有人會付他錢買書，最終在某年除夕一病無醫，終其潦倒一生。試問曹雪芹又是否「抵死」呢？

再如社會有一些福利幫助單親媽媽，讓她可以不用外出工作，留在家中照顧子女。雖然在經濟學計算上會因此少了她外出工作的產值，但這只不過是因為她留在家中照顧子女所帶來的產值沒有被計算在內。照顧子女本身其實也是一種產值，如她外出工作，事實上也會失去照顧子女的產值。

所以就算以經濟學來說，不給予失業人士任何援助，對經濟的生產力都不是有好處的。但我們必須承認，給予失業援助的確會令部分人士不去工作，某程度上並會令社會失業率上升，但這個問題牽涉的是多少援助才算適當，而不是完全不去幫助失業的人。援助到底給予到甚麼樣的程度，選擇不去工作的人的比率是多少，要在兩者之間取得平衡。

然而以上是純粹從經濟學角度出發的看法，而這個看法是可以完全被質疑的。因為人並非根據生產總值而存在，社會和個人的幸福最終是以個人自由的體現為最高標準。

個人自由是如何被體現的呢？就是人們不會被迫在太少的選擇之中作出選擇。在巨大的壓力下，被迫在很少的選擇間作出選擇，例如有槍指嚇你在吃屎與下跪之間二選一，這種狀況根本就不是有選擇，也相等於沒有自由。

個人的自由得不到體現，個人的潛能亦難以得到發揮。社會給予人們某程度的津貼，是擴大了低下層選擇的權利，然後低下層人士的自由能有機會體現，使他們個人的潛能得到發揮。有適當的生活津貼，就無需強迫所有人都外出工作，令社會保留一份閒適，亦不失為一件好事，這樣部分人便可以選擇去做自己較喜歡做的事。

舉一個簡單的例子，有人經常攻擊某些搞藝術的人士，認為他們拿綜援去搞藝術，但我卻並不認為每月給這些人一點津貼，讓他們有空閒去發展藝術有甚麼不妥當之處。雖然最終他們所做出來的不一定是偉大的藝術作品，但無論是甚麼樣的藝術，都確實可以令我們的生活質素得到某程度的改善和調劑，對社會整體來說並非壞處，甚至可會令社會更加平衡。

以梵高（Vincent Willem van Gogh）為例，如果當時社會能夠給予他多一點援助，對精神病患者提供多一點的照顧，他的壽命應該可以延長一點，而他留給後世的作品會更多。只要一點小錢，世界便會有更多有價值的畫作。我們又如何知道身邊有多少個梵高呢？不僅藝術，運動亦是如此。如果沒有最低限度的津貼，就難以讓有潛質的運動員投入，培養對運動的發展和興趣。

另一方面，企業營運也包含了賭博冒險的成份。社會設有最低限度的安全網，經營者知道即使生意失敗也不至於餓死，其實對社會的經濟發展有一定的好處，因為更多人敢去放手一搏，做出冒險的新嘗試。尤其是在互聯網發達的新社會裡，一個大膽創新的成功嘗試，可以價值連城。如果全部人都因為害怕失敗後會無法生存而不嘗試，這樣的社會經濟是不會向前發展的，大部分創新工業都會停頓。這亦就是從經濟學角度來解釋，為甚麼對低下層有適當照顧是對社會有利無害。

根據約翰．羅爾斯（John Rawls）的《正義論》，社會上的正義是這樣定義的：所有生存在社會上的人之間，都有某種社會契約(Social Contract)來決定人們在社會中應如何行為。而他強調，在立約的一刻立約者必須是在無知之幕(veil of ignorance)之後進行選擇。

所謂無知之幕，就是假設立約者對自己與他人的社會背景、階級、偏好、優缺點都是一無所知，只有對普遍性知識的理解，而且所有立約者都處於相同的處境。因為立約者的一無所知，才能使所有人不從自身的利益或偏好來考量利害，也不受任何其他因素所影響。只有這樣，才會得出一套大家都同意和接受的制度，否則一定有所偏頗。除了類似張五常等人提出的不救濟窮人的主張之外，還有另外一些右派理論。我曾經收看港台製作的《窮富翁再戰江湖》，又聽到獅子山學會的王弼的論述。

當日的論題是貧窮會否一代傳一代、跨代繼承，我實在不明白這一個題目有甚麼辯論的意義，因為每個社會的窮富情況都有所不同。

事實上，要準確回答問題，必須先了解問題所指的是甚麼時候和甚麼空間。時間空間人物不同，不同情況發生的機會率亦會不同。例如在古時封建世襲時代，階級分野森嚴，貧窮的傳承率自然偏高；若在現今的挪威、瑞典等國家，每個人都得到國家的照顧，每個人基本上都有機會讀大學，貧窮的傳承率自然會低。但基本上，一個貧窮的人繼續貧窮的機會當然會比一個原本有錢的人變得貧窮的機會為高。這個原理根本沒有甚麼好辯論。

獅子山學會所持的另一個主要觀點，就是反對政府在政策上作出任何干預，認為政府所做的一切，都只會令事情變壞。就這個說法，有一個反證是無可辯駁的，就是如果政府所做的任何政策都是不好的話，經過這麼多年的演化，政府這東西早應該不存在於這個世界上。若他們是對的話，經過社會演化過程，小政府必然會淘汰大政府，然後最終演化至無政府。然而事實是世界各地大部分的政府都變得越來越大，根據這個反證，我們便知道獅子山學會等人的說法無論如何都是有問題的。

到底政府的作用是甚麼呢？

討論這個問題之前，必須明白所謂反對政府的人通常都高舉市場作旗幟。市場，即是競爭性的物品自由交換。物品的自由交換必須要有一個基礎，就是物品必須有人擁有其產權，若物品的產權是公有的話，就無所謂的物品交換。而物品為甚麼要私有呢？原因是地球上絕大部分的物資都是有限或不足夠的，因為不足，所以才會有經濟生產和交換的價值。若果是空氣這種源源不絕的資源，除非是一些很特殊的空氣，或剛好與其他人被困在一個細小而密閉的空間，需爭奪有限的空氣，否則根本沒有擁有或交換的需要。

物品的自由交換必須先有了產權，而產權則牽涉到資源的分配。資源分配有兩個方向：其中一種方向，是世界要有一個非常有權威的人或組織作出如何分配的決定，由他一鎚定音；另一種方向則是由所有人自由競價競爭來決定，誰能提出更有利的條件，誰就能與對方成功交換。

大家都以為我們的社會是以市場來分配資源，其實不然，我們的社會原來是以制度性權力分配為主。舉例說，家庭成員之間就是採用權力分配的方式，大多數家庭都是由父親決定如何分配資源。在家庭中很難採取市場制度。若要在家庭中徹底採取市場機制的話，是否每次要吃飯都要由家人來競投呢？誰可以煮當時大家最想吃的菜就由誰來負責煮飯？要生仔時也要看誰的條件最好成本最低，來選擇誰去負責懷孕。先不討論社會道德問題，要在家庭中完全採取市場機制，每件事都要花時間去競價選擇，實在是太麻煩，交易成本太高昂。於是必須想出一個簡化的方法。在家庭中，多數由父親作出分配的決定，子女更加是無法採取市場機制，總不可能以誰要求的零用錢較少或誰樣子較可愛來決定誰來做自己的子女。撇除遺傳和感情的因素，若要社會上每件事都要經過市場程序決定的話，僅是交易成本已經是不勝負荷，因此這是不可能和非常荒謬的。

除了家庭之間無法徹底實行市場機制之外，公司或組織聘請僱員其實亦是減低每項工作交易成本的方法。沒錯，公司招聘僱員的勞工市場是一種市場機制，然而僱員被招聘後，在公司的工作分配就不再是由市場決定，而是由僱主及僱員雙方按照薪酬來互相協議決定，絕不會每項工作都要由全公司的職員競價決定。如果每項工作都要靠競投決定的話，公司運作的交易成本肯定高得不得了。

因為交易成本較細，因此幾乎所有的組織都是在定出一些簡單基礎原理後，就踏入權力分配系統模式。

然而在宏觀的環境之中，越大的環境分配的難度就越高，因為環境越大，其中的成員有沒有完成工作，應該得到甚麼樣的報酬等問題而產生的爭拗便會越多。例如假設你除了老婆之外還有十個「二奶」，她們便會不停出現到底誰的性貢獻比較多，誰應該得到較多家用等爭拗，天天向你抗議投訴。所以在宏觀層面基本上是要靠市場來解決，因為對於較大的環境，市場反而是最有效率的方法。

為何市場是最有效率的方法呢？主要原因是市場只反映了價格，而價格可反映出需求。價格的高低在反映需求的同時，亦在解決問題。舉例說，某種貨品價格高，除了反映需求多之外，高價格亦會令更多人願意去生產這一種貨品，令供應增加，直接平衡物價過高的問題；相反，價格低即是需求低，生產商便會減少停止生產該種貨品。

市場能令社會本身更加有效率，這是每個唸過經濟學的人都會明白的道理。所以越是宏觀的情況，如國家或世界層面的主要經濟活動是不得不採取市場經濟，而市場經濟又不得不建基於產權，否則世界經濟系統便會崩潰。

時至今日，在宏觀經濟層面上已再沒有人敢挑戰市場經濟，雖然有些人仍然在意識形態上對抗這一套理論。

一些左派人士每次發言都會質疑是否有必要事事以效率或金錢為先，這種說法其實是企圖以其他途徑來反對市場經濟秩序。而更多所謂的新左派則將市場經濟的交換過程定性為剝削，反對這套宏觀經濟體系。

然而這種說法在世界國家層面已經沒有人會接受。基本上，世界上不是以產權為骨幹，用市場為交換條件的國家，現在只有北韓。

另外亦有一些環保主義者認為人的價值不可以用金錢來衡量，亦不應用物質來表達。但是他們卻沒辦法提出另一套能夠有效取代市場經濟去處理世界各種事項的方法。

政府最基礎的功能是維持社會契約，每個人在社會中相處、互相交換物件，必須有一套規則，否則只會天天吵架收場。就好像踢足球要有球證和球例一樣，政府在社會扮演的就是球證的角色。除了球證和球例，還要有人負責去劃定球場的界線、提供比賽用的足球等，人們才會相信球賽有條件踢下去，不會陷於混亂。大家要先同意社會如何管治，然後一定要有人嚴厲監督當中有沒有作弊的情況，所以當中又需要設立許多防止作弊出現的條例或系統。在訂立這些防止作弊的系統時必須非常小心，因為它們牽涉到社會上每個人的生命和財產。雖然這些程序的交易成本非常高昂，但因為它們實在是太重要了，沒辦法捨棄。而這些國家機器，如法院和警隊等，都是無法交由市場模式經營，而要得到市民的信任，惟有用每人一票的方法來監督。

其次，就是牽涉自然壟斷的事，例如世上沒有任何城市規劃可以用自由市場機制來決定。戴卓爾夫人曾經嘗試以自由市場政策重建碼頭區，結果亦是焦頭爛額。又例如香港現時有三條海底隧道，並不是有資金就可以去興建第四條隧道加入競爭，因為建隧道需要整個道路系統的配合，隨便亂建的話會令交通秩序大亂。自然壟斷是無法用市場機制去解決的，只有透過一個民選的政府而加以約制。

自由經濟學者有一個重大的錯誤，就是沒有計算政府的其中一個功能是令資訊成本減低。最簡單的例子就是醫生、律師的專業登記制度與及銀行發牌等制度，由政府統一收集可大大減低資訊費用。

獅子山學會等人經常提出由消費者自行負上尋求資訊的責任，但到底有多少消費者能有如此閒暇及能力去收集所有相關資訊才去作出決定呢？試問有誰能夠自行收集及研讀過全部關於銀行資訊之後，才去決定將錢存入哪一間銀行呢？這在事實上是不可行的。現今的銀行架構已龐大至個人無法完全了解，雖然在過去反而確曾實行過市場經濟。例如清朝時期，判定銀號是否可靠是消費者自己的責任。由於銀號隨時有倒閉的機會，所以如果不是認識了銀號負責人一段相當長的時間，經過長時間的觀察而絕對信任他們的話，人們是不會將錢存入那一間銀號的，即使要存亦不敢存太多。在這種情況下，資訊費用非常高昂，交易成本相當高。現在有了銀行發牌制度，政府就負起了調查持牌銀行的信用有一定保證的責任，存款在那些銀行有一定程度保障，令交易成本大幅度降低。

又例如清朝發生醫生醫死人、斷錯症的情況比現在多得多，因為人們沒可能得到足夠的資訊去作出醫生醫術高低的判斷。有了登記制度，醫生必須通過某種統一的評核才能執業，醫生的水平就有了一定程度的保證。雖然此種制度自然會出現資格越來越嚴謹，令成為醫生的成本越來越高，在另一方面又造成了專業壟斷的情況，導致醫生收費越來越昂貴。

另一個幾乎所有經濟學家都無法反駁的例子，就是某些經過政府反覆實驗證明有效的新發明或發現，運用公權力來將之推廣是較依靠自由市場有利於社會。因為要靠自由市場令所有人都明白和了解這些新發明，然後跟隨運行，需要相當長的時間。最佳的例子就是汽車安全帶。許多人在心理上都抗拒安全帶這個設計，要令市民了解安全帶的安全性，然後透過市場機制令市民自行決定安裝及使用，那麼佩戴安全帶的推行相信要起碼十多年時間。但實驗證明安全帶的確可以大大減少交通意外中的死亡率，於是政府透過立法強迫市民佩戴安全帶，結果果然成功令交通意外的傷亡率大幅下跌。在這方面，政府的優勢是自由經濟學家無法辯駁的。

第四節 不准左轉

除了之前的文章談過右派學者的兩個重大錯誤，左派人士亦有兩個非常大的謬誤。

首先，除了某些限制性情況之下，解決問題，尤其是在宏觀層面，應用市場經濟模式的需要。因為政府天生就是沒有效率，所以在每一次決定之前，必須謹慎考慮清楚那一件事是否非由政府負責去做不可。甚麼事是必須由政府負責的呢？舉例，利用公權力去保障人權自由等價值觀的實踐，即所謂的公檢法系統，基本上是不可交由市場經濟運作。因為立法或施法系統並不可以用交易價值來作決定，原因在於所有人都只有一條命，生命是無價的，每個人的自由也是無價的。到最後那些系統只能透過民主原則來監督和實行。雖然政府的操作成本較為昂貴，但現實卻是無可選擇。

為何政府注定沒有效率？私人企業的效率是被迫出來的，因為私人企業如果長期虧本，必然倒閉，但政府卻不會因虧本而倒閉，因此私人企業效率低者自然被淘汰，而生存者必需提高效率避免被淘汰的命運。兩者先天在思維上已是南轅北轍。政府沒有必需維持高效率的壓力，而且根據柏金遜定律（Paskinson's Law），公務員越沒有效率反而越容易升官。公務員越沒有效率，就越需要招聘更多下屬來完成工作，而下屬越多，他的官就越大。

關於上述問題，坊間已有很多相關的書籍，在此不贅，但必須指出基本上有四個「I」的問題，是一定要透過市場經濟或私人系統才能解決的。四個「I」分別是「Incentive」、「Investment」、「Innovation」和「Information」。

首先是「Incentive」，員工到底有沒有誘因驅使他們努力工作呢？既然政府公務員是越沒有效率越易升官的，那麼公務員又有甚麼動機去工作呢？其次是「Investment」。利潤是指導投資方向的最佳指標，一旦失去利潤原則的指導，就會失去資金投資的方向，另外，創新「Innovation」也是在市場競爭中迫出來的。沒有倒閉和被淘汰的壓力，就不會不斷思考新的求存方法。至於資訊「Information」也是任何市場經濟所必須。

我們一直討論為甚麼要照顧那些弱勢社群，但那些人要如何才能被照顧得到呢？這又產生出另一個層次的問題。左派經常主張透過政府干預，但政府干預會產生出甚麼後果？政府付出一百元扶貧，當中卻有六、七十元花費在官僚費用上，最後只有三、四十元落入受幫助的人手中。這是一套非常沒效率的制度。

為甚麼政府計劃經濟是必然失敗的呢？因為即使擁有世界上最先進的超級電腦，政府亦無法將所有人的資訊集中起來分析，然後作出適合每個人的決定。政府無法集中所有資訊，是因為有時候那個人本身都不知道自己有哪些資訊（Intrinsic Knowledge）。這些不被自知的資訊集合起來，又產生出一些始料不及的後果（Unintended Consequences），令事件最終不會依照最初預計的方向與路線發展。

一個政府的政策如果無需經過任何民主程序，只管迅速而果斷地去實行的話，固然可以有非常高的效率，然而錯起來亦可以十分徹底，中國高鐵就是很好的例子。

因此現時世上幾乎再沒有一個地方會相信政府可以透過計劃經濟政策去調控經濟。現代的社會主義者基本上都認同在宏觀層面，整體經濟需要透過市場經濟模式進行，這種說法就是所謂的「第三條道路」。

甚至那些北歐社會福利國家，亦不會將所有服務設施國有化，而是國民提供各式各種的津貼。這些國家向高收入的國民徵收較高稅款，意圖作出某程度的財富再分配，政府只是向國民提供較多的基本福利服務。

有些左派人士認為將所有東西國有化，全盤由政府操控仍然會較有效率。這樣的情況，何以會有效率呢？左派其中一個典型的答案是他們認為可以透過民主參與監督。但我們都清楚明白這種做法實際上是不可能的。因為一個人是需要經過長時間的學習和訓練，才能有足夠的能力參與公共事務管理決策。舉例說，並非所有香港市民都有足夠的認知去判斷應不應該興建高鐵、菲律賓女傭應否擁有申請居港的權利。事實上，甚至連那些尊貴的香港立法會議員，對這些議題也是一知半解，所講的論述也是荒謬的，非成為專家不可解答。

歷史上確曾有人嘗試過要求每個人都成為政治專家，務求懂得如何決策，這個人就是毛澤東。他希望所有人都有適當的政治改造，然後作出最基本的判斷，於是所有人民就得在學習公共及政治事務上花非常多的時間。所謂「開會多過共產黨」，就是這個意思。

這個做法不僅終於會變成洗腦，人民花了大部分的時間在學習公共事務之上，亦令整個社會的效率大大降低。

現代社會朝著專業化發展，同樣地，管治亦需要越趨專業。

另一個必需要反駁的左派重大謬誤就是「剝削論」。

共產主義有三大理論法寶：第一，是「唯物史觀」；第二，是「唯物辯證法」；最後，是「剩餘資產價值論」。

簡而言之，「唯物史觀」是一種後設歷史（meta-history），即是將歷史的進化和演化納入一定的規範來解釋，例如：人類社會由原始共產社會進步成為奴隸社會，由奴隸社會進步成為封建社會，之後再進步成為資本主義社會，再進而成為社會主義社會，最後會回歸共產主義社會。所有的後設史觀其實都是只選取自己喜愛的事件來證明自己的看法，然後又從過去的看法去證明將來亦會繼續如此發展。相信這一套的現代史學家已經非常少。

事實上，奴隸社會是否確實曾在歷史上出現也是疑問。原因非常簡單，奴隸在社會上佔的人口比例是不可以超過某個限度的，超過那個限度，奴隸便很有可能起來作反。若奴隸達到一定的人數，在上位者需要花在管理及提防奴隸造反的時間就相當多。因為奴隸必需體格強壯才有勞動力，若奴隸人數增加，令本來佔多數的在上位者有機會在某些環境下變成少數，情況就非常危險，隨時會有被殺的可能。即使在有大量奴隸的社會，奴隸通常都要在一個可以被監視的空間工作，若需要奴隸外出工作，如畜牧，則基本上是一種外判制度而已。

唯物史觀真正的貢獻只有一個，就是它推翻了以往的歷史觀。它認為經濟和物質基礎是推動歷史的重大力量，這個觀點改變了我們一直以來對歷史的看法。其他一切所謂的貢獻都是不存在的，更遑論那些歷史必然會進化至共產社會，各盡所能、各取所需的說法。

至於唯物辯證法中那些甚麼「矛盾的統一、統一的矛盾」，「由量變至質變」等，都不過是言語魔術，完全是玩弄名詞，本身毫無意義。相信這些說話的人現在全世界也找不到幾個。

現時左派仍然不能夠擺脫的是「剝削論」，即所謂的剩餘資產價值論，原因非常簡單，就是現時的左派仍未能提出另一套比馬克思提出的剝削論更有效駁斥資本主義或自由市場的武器。

剝削論的原理非常簡單：假設有人以七元聘請了一個工人和用三元購買材料，生產了一件產品，然後以十五元售出，扣除人工和材料成本十元，餘下的五元就是所謂的剩餘資產值。他們認為這個剩餘資產值是透過剝削工人得來的，因為世上所有的資產都是來自物化勞動力，即是說工人所付出的勞動價值其實值十元，資本家只給工人七元，就是剝削。時至今日，仍然有人將工人薪俸不足，生活水平及質素偏低的情況歸究於資本家的剝削。

然而所有經濟學教科書都不會認同上述那一套說法。經濟學教科書認為，除非以武力或法律威脅進行剝削，否則所謂的剝削是不存在的。為甚麼呢？僱主聘用勞動其實都是一宗交易，而所有交易都需要在雙贏的情況下才會成立。舉例說，我用七元聘用你工作，最終生產出的物品能以十元出售，於是我賺了三元；但另一方面，你願意收七元薪酬來替我打工，是因為你找不到其他人肯用七元或更高的薪酬聘用你，否則你不會選擇替我工作，所以其實你也賺到了你可以賺取的最高薪金。在這情況下，實在看不出這何以是剝削。

事實上，馬克思亦不過是以抽象的理論去作出論述。若將剝削論落實在單一資本家及單一勞動力的情況，則很容易看得出剝削論中的荒謬性。以上面的例子簡單說明：如果沒有資本家的出現，工人便不會以七元薪酬被聘用，反而只能去做薪酬更低的工作。所以，現實世界是工人越被剝削，工人所得的反而更多。假如沒有人到中國開設工廠，大部分民工繼續當農民，那麼他們每年的收入大概只得千多元人民幣。有了來「剝削」他們的資本家，當工人卻每年有萬多元收入。

馬克思的論述亦無法解釋資本家蝕本的情況。假如單一個別資本家蝕本，工人所得多於資本家出售產品所賺的錢，這樣一來，是否變成了工人反過來剝削資本家呢？

資本家蝕本當然是源於生產出現了誤差、估計錯誤等因素，這些馬克思都知道、都明白，所以他只不過是抽象地指整體資本家剝削整體工人，而非個別資本家剝削個別工人，因為這個說法實在是太難以解釋了。

經濟學家佛利民是這樣反駁馬克思的剝削論的，佛利民說：馬克思認為物化勞動力有其價值，於是每個的工作都有其價值。假設農民耕田的勞動力值十元，而我為這個農民提供一個鋤頭，這個農民因為有了我這個鋤頭，所以耕種的效率提升，整體的價值變成二十元。那個鋤頭是我用錢由工匠的手上買回來或自己製造出來的，因此這個鋤頭其實是另一個人的物化勞動力，因此用在這裡也值十元。在這個推理下，因為有了鋤頭而增加的十元產值為甚麼不是歸我所有，而是歸那個原本沒有鋤頭、只值十元的農民呢？那個鋤頭也是出自我的物化勞動力，為甚麼因為我的物化勞動力所產生的另外的十元卻變成了剝削呢？

佛利民反駁得十分好。所謂的資本如機器、工具等其他生產資料其實也是物化勞動力的一種，只不過這些物化勞動力沒有用在消費或享受方面，而是用作再生產，這何以會是剝削呢？

要繼續反駁剝削論實在是太容易了。剝削論完全沒有將管理人的管理能力、投資所冒的風險、知識產權等的價值計算在內。又例如現代經濟學已解釋利息的存在其實是遞延享受的代價，但馬克思卻完全無視這些元素，而將所有歸於「剝削」二字。

是與非到了最後只需要問一個非常簡單的問題：馬克思說整體資本家剝削整體工人，但是，若果這個世界只有一個資本家和一個工人，就沒有所謂的整體資本家和整體工人，因為整體就等如一個。那個工人因為資本家的剝削而增加了收入，這樣的話又何以會有整體資本家剝削整體工人的情況呢？或者如果這個資本家虧本，是否就變成了整體工人剝削整體資本家呢？馬克思不過是將牽涉的人擴至非常大，再強加解釋而已。在世上的第一個資本家及第一個工人出現之時，即使將整個理論完全反過來說也是說得通的，你說是不是很「奇妙」？

在理論層面上，剝削論最難解釋資本家剛好不賺錢也不虧本的情況。舉例說，一個人經營了一間小食店，有人認為在小食店工作的工人薪酬太低，老闆在剝削工人，工人應該得到更好的待遇，否則他們難以去過有尊嚴的生活。但在小食店老闆都沒有賺錢的情況下，沒有所謂的剩餘資產，那麼應該由誰去支付更好待遇與現時薪酬之間的差額呢？

這個問題是難以解答的，而最終只有一個答案，就是由政府去支付，由社會整體去付出。當社會整體不停要為此而付出，當國有化的機構佔了大部分的時候，社會就不會再有資本家，而漸漸地，社會便再沒有能力付出，工人亦再得不到他們所謂的真正價值，終於社會越來越貧窮，最後破產收場。這種情況並非未曾出現過，而且出現過很多次。

共產主義與社會主義的最大分別在於兩個方面。單純地主張財富再分配的是社會主義，自由主義者是接受在某些方面的財富再分配的，基本上與社會主義最右翼的一派沒有太大的分別。

而在馬克思的界定中，共產主義有兩個重大的特色。第一，是生產資料公有化，除了一些日常的用品之外，所有能生產錢的東西都不准私人擁有，要國有化，要由國家經營。這個做法肯定是非常無效率，漸漸地連糧食生產亦不足夠。到底現在還有沒有人相信生產資料國有化這一套呢？

第二，就是計劃經濟。計劃經濟的成效早已被海耶克的《到勞役之路》徹底反駁。自作聰明，宏觀經濟，用指令去達成的經濟過去無一不是崩潰收場。

第五節　灰燼中重生界

在經濟上，香港要維持現有的價格水平，就必須要將經濟架構中那些腐敗的、效率低下的地方排除，使經濟恢復效率。若經濟效率能夠恢復，市民的整體生活水平亦得以維持。

對於權益的爭取及維持，香港人從來都是各自為政的，這歸根於中國人「各家自掃門前雪，莫管他人瓦上霜」的傳統。降低香港經濟效率的其中一個元兇，是由政府法例造成的各種結構性經濟壟斷。

結構性壟斷在香港經濟發展上佔一個非常重要的位置，尤其是出現通縮時，影響就更顯著。兩間電力公司、各項公共交通，以至龐大的地產勢力，在通縮時價格不減反加，令市民生活百上加斤。

但對付壟斷，香港的消費者實在過於被動。香港人不會像歐美國家的市民一樣，對企業發動真正的杯葛行動。許多年來，無綫電視的反競爭行為昭然若揭，但香港市民卻不會團結一致，發動罷看行動，師奶婆媽劇依然大有收視，直到近年才開始出現改變。

因此右派政黨在香港並沒有出路，自由黨並非真正的右派政黨，他們只是一個依附壟斷財團的政黨。一個真正的右派政黨，必定是植根於中小企上。而每當遇到問題就向政府求援，要求以政策協助改善營商環境，也是有違右派主張的。

香港的整體社會福利主要有兩大問題，其一是我們付出的與得到的不相稱。因為人類是一個緊密聯繫的社團，無論是為了文明和秩序的維持，還是為了人道精神，我們都有責任去照顧弱勢社群，但我們卻希望援助的效率可以提高。即是說，我們付出了十元，受助人也能得十元。但實際情況卻非如此。

以教育為例，香港培育一位大學生的成本竟然比牛津和哈佛都昂貴，為甚麼呢？首先，是由於香港政府的官僚架構。官僚架構其中一個為人詬病之處是效率奇低，官僚的考慮不在於效率，而是如何避免出錯，如何鋪排仕途。官僚會盡量增聘人手，令自己的部門不停膨脹，因為下屬越多，代表他們的官職越大。官僚架構就好像癌細胞一樣，他們的考慮永遠與效率作對。

從宏觀角度來說，香港的社會福利分為「不論貧富」與「論貧富」兩種。傳統上，治安、醫療和教育都是不論貧富的福利，即是說李嘉誠的孫子到公立學校讀書也是不收學費的。而另外大部分的社會福利，如綜援、交通津貼、公共房屋等，都是「論貧富」的。

雖然當部分福利服務收費低至近乎免費時，便會出現由於公共資源被濫用而衍生的租值耗散問題，但如果說香港的社會福利拖累香港經濟，卻絕對不是事實。香港在社會福利上的開支不算太高，每年約二百億，只佔整體預算的7至8%，而其中的六至七成是用於資助老弱傷殘等人士身上，而這些人是必須要照顧的。

最有效的社會福利政策，是將那筆錢直接交到受助人手上，保證他們擁有合理的生活水準。歷史沒有證據證明，在一個有一定知識水平的社會裡，如果要做到所有人都不至赤貧，會令經濟增長放緩。真正會令經濟放緩的，是不准人發達，而不是不許人貧窮。

歐洲不少國家也做過類似的試驗，證明能夠保證人民有合理的生活水平，是不會影響經濟。然而，此方法卻容易陷入一個兩難的情況。若假定的生活水平設得太高，工作與不工作的生活水準分別不大，便有機會產生道德危機。

因此，佛利民提出負入息稅這個概念。

負入息稅的其中一個好處，是相對於其他的社會福利政策，它的經營費用最少。香港現時的社會福利體系，充斥著各種龐大的部門，社會福利署、教育局、房屋署，每個部門都有數千名職員，錢都用在供養一班公務員和高官之上，實際落到有需要的人手上的只有「水尾」。

有人會問，若取消大部分的社福部門，不就會造成大量公務員失業嗎？答案是不會的。因為若金錢全數投入受助人的口袋，他們會將錢用在生活的各個方面，一樣會在經濟上產生乘數效應，製造出新的就業機會，而且這些職位比現在更有效率。

官僚架構是一個先天上與效率作對、不斷內耗的體制。不僅是政府，許多大機構也有同樣的情況。調查發現國際大機構的中高層人員每日有60%時間是用在撰寫文件攻擊其他部門及推卸自己的責任。要提升官僚系統的效率，最有效的方法是削減中間的層級，而非節省每層的開支。八十年代美國經濟情況險峻，美國企業自保的其中一個方法就是大幅裁減中層架構。

作為經營者，我經常提醒自己，雖然要有一定的匯報制度，但文書工作不能太多，否則人力都用在文書上，做前線工作的人力必然減少。因此《大學》曰：「生財有大道，生之者眾，食之者寡」，做事的人多，吃飯的人少，國家的財力當然會足夠。但現在卻恰好相反，變成生之者寡，食之者眾，監督的人比工作的人多，問題又有甚麼辦法會不嚴重呢？

另一方面，將所有資金集中一起投資，不單不能有更好的回報，而且是不利的。因為每一個大額資金的動作都會影響股價，買的話只會越買越貴，賣的話就會越賣越平，沒有研究和證據證明大額投資比小額投資更好。

香港人數千億的強積金供款，在強積金管理局手上，平均每年回報率只有31%。將錢用來買國庫債券，也有五至六厘回報。除非永遠離境或宣誓提早退休，否則市民在六十五歲之錢都不能動用這筆儲蓄，無論想做生意、結婚、生仔、治病也好，休想動用一分一毫。強積金制度不但回報低（甚至負回報），而且抹殺社會各階層資金的靈活性。

最需要強迫儲蓄作為退休保障的人其實是月薪六、七千元之下的低收入人士，然而他們卻偏偏不用為強積金供款（註十一）。即是說，社會上無論如何都有少部分的人士需要依靠社會福利，市民無法避免要肩負起照顧他們的責任。我情願將部分所賺的錢撥作社福用途，也總比將錢獻給表現差劣的基金經理為好。

香港政府向以廉租公共房屋形式津貼市民住屋，表面看似是行之有效的方法。然而事實上，若公共房屋收取市值租金，政府改為直接向收入不足的市民發放租金津貼，政府在房屋福利上的實際支出不會因此增加一分錢，但市民卻能在居住地點上有更大的自主權，無需逐公屋而居。

每個市民都有其獨特的需要，這些需要並不是一班官僚可以理解的。對某些人來說，由於家庭與工作之便，居住天水圍比住黃大仙更理想，但偏偏由於公屋分配制度而被發放到其他地區居住。曾有調查發現，若修改現行政策，香港市民能根據自己的意願選擇居住的地區，香港人的財富能在一夜之間增加過

註十一：根據強積金制度，月薪低於七千一百元的僱員無須為強積金供款。

百億，而且可以即時削減龐大的房屋署官僚，大大減低無謂的行政開支。

另一方面，直接租金津貼可以製造出新的租務市場，地產商的收入並不會因而減少。

要開拓稅源，開徵銷售稅並非一個好的建議，因為銷售稅的管理成本往往比政府實際收入多，每收十元銷售稅款，有七元是行政費用，十分不划算。但如果將稅率提高，受苦的是窮人，因此比較合理的是加徵環保稅。報紙、輪胎、膠袋等是應該徵稅的，因為它們並非必需品。

現時香港的稅制其實並不公平，約15%的稅項稅率是偏高的。有研究發現，若稅率設定在合理水平，實際能收到的稅款反而會增加，因為避稅也需要成本，只要能節省到的稅款不多，納稅人就不會選擇冒險瞞稅。

只有將制度中那些沒有效率的地方消除，才能令香港的營運成本變得較為合理。

第九章：前路漫漫

第六節 歧路茫茫

此篇下筆時為二〇一一年二月。

過去十年，我一直以香港的命運為題，剖析香港的政治、經濟發展及前景。在這十年間，我對事物的認識和看法當然有些變化，但變化基本上是微小的，基調依舊。

這一刻，我有相當的把握可以預言中國及香港的發展。

若用微觀的角度看香港的前途，我相信香港的繁榮可在未來維持一段相當長的時期，主要因為香港其實是內地人士的「避難所」。當中國人越富起來，便會有越多人移民香港，因為香港無論在人身和財產安全上都比國內有保障得多。將金錢財產存放在香港是會得到法律的保護，不會隨便被充公，單是這一個優點已非國內環境可以比擬。之前西藏富豪多吉扎西就因被控向西藏流亡政府提供資金，遭法院判處無期徒刑及充公其四十三億人民幣財產。這樣做完全不合理。若法院判他有罪，可以判他坐牢，但憑甚麼去充公他合法所得的私人財產？因此，國內的人會認為錢在大陸並不是他的錢，只有轉移到香港之後，錢才真正屬於他。

在這種動力之下，香港變成了一個離岸安全中心。事實上，香港能夠超越紐約成為世界集資金額最高的地方，就是因為外資也同樣認為香港是個資金受到保障的地方，這是中國沒有的。

在可見的將來，這種優勢似乎不會改變。源源不絕的資金湧入香港，令香港的資產越來越昂貴，即是說香港的貧富懸殊也會越來越嚴重。部分窮人在退休後被迫回到內地生活，這根本是回歸到一九四九年以前的狀況。

香港的社會問題是無法解決的，因為香港的政治問題不會得到解決。所謂二〇一六、二〇二〇年的雙普選，絕對會是鳥籠民主，而且北京政府必定能夠成功推行這套鳥籠民主。香港主張民主的人不停為民主而奮鬥，目的不過是向北京政府不停施加壓力，及將民主精神延續下去。

因為民主不僅是一套制度，還要依靠公民的反應。只有公民不停為爭取權益發聲，當權者才不敢太過份。香港人不能夠做順民，因為這樣才能提高公民質素，但最終香港的民主只能依賴中國達成民主。

中國何時才會達成民主呢？

我由二〇〇〇年開始沉思這個問題，直至二〇〇九年才理出一點頭緒。中國的民主要達成，要建基於兩件事情的出現：首先，是中國經濟不能再像剛過去的十多年般高速發展。現時全國約有三成人對現時的北京政府非常不滿，認為現政府專橫霸道、蠻不講理、侵犯人民自由，而另一方面有約七成人卻認為生活正不斷改善，可先容忍一下，其他方面要給現政府時間慢慢改善。如果經濟發展放緩，便隨時會反過來，變成有六、七成人非常不滿政府，這樣的話，政權崩潰之迅速是可以想像的。

中國達成民主的第二個要素，是通訊及訊息傳遞的普及化。現今所指的通訊渠道，除了傳統傳訊媒體，還包括了手機、互聯網及形形式式的社交互聯網平台。要有效管理人民，必需要令人民與人民互相孤立，有事情發生時不能第一時間通知其他人。若人民能組織起來，共同行動的話，政府是無法出手鎮壓的。

在過去十多年，影響社會的另一個重要改變，就是互聯網的興起。互聯網的興起，是獨裁政體的第一號大敵。在二〇一一年發生的全球大事——茉莉花革命，它的風潮其實都是由Facebook、Twitter等社交網頁帶起。

獨裁統治者的統治，是建基於佔有資訊獲取和傳遞的優勢、孤立人民之上。過去資訊消息全部控制在電視台、電台或報章雜誌等傳媒手上，統治者較易監控和封鎖。互聯網卻是一個無頭的系統，想控制亦不知道從何入手，亦無法全面封鎖，因為若要做到真正的全面封鎖，就會連自己也被封閉，從埃及的例子就可見一斑。

埃及人口約八千萬，但只有約五十萬軍隊。五十萬軍隊實際上無法控制八千萬人，政府靠的是人民對軍隊的恐懼，使他們不敢造反。而人民的恐懼的其中一個泉源，是來自無法得悉其他人的想法及行動是否與自己一致、恐怕成為少數的囚徒困境。因此，當大家可以互相傳訊，聯合一致行動時，軍警的力量是不能夠抵禦的。

中國的情況亦一樣。中國政府可動用的軍隊大約二百萬，試問二百萬軍隊如何能控制十三億人民呢？何況這十三億人民是散佈在廣濶的領土之上。

因此中國民主化進程的關鍵，是中國的經濟會在何時放緩。中國人民的怨憤日積月累，上訪、拆遷等社會問題導致的衝突無日無之。全靠每年保持8%至10%的經濟增長，人民才不發難。

中國經濟發展至現階段，加上金融海嘯之後，要保持高增長的其中一個方法是刺激內需，而刺激內需的方法就是增加薪金。尤其當人口紅利已經耗盡，可預期未來七年中國工人的薪金將會大幅度上升，情況與八十年代的香港一樣。那時候，中國將會前所未有地繁榮，以往亞洲四小龍全皆如此。然而，經歷這一波的高增長之後，經濟增長便會變得非常慢。當增長慢下來，但人民對生活改善的期望卻仍然很高時，民意便會立即逆轉。

中國自一九七九年起推行「一孩政策」，到了二〇二〇年，一孩的一孩亦已長大成人，即是說一對二十歲的年輕夫婦家庭裡會有四個父母，八個祖父母，人口老化情況前所未見。在這情況下，中國的經濟難以維持增長，何況大部分領導性企業皆為國企，競爭力和效率根本不足夠。

中國經濟是一個效率奇低的體系，需要依靠不停投入資金及人力去維持。我可斷言，二〇二〇年之後中國經濟增長將不能維持。若經濟增長不能持續的話，三年之內，現政權將會有倒台的危機。

今立此存照，且看到時局勢發展。

在香港搞社會或政治活動，時常會遇上令人灰心喪氣的事情。尤其是在近二十年，特區政府迷失施政方向，北京對香港的策略逐步收緊，不少爭取民主多年的泛民人士日漸心灰意冷、不知所措。在種種惡劣的環境因素之下，我們更加要保持較為樂觀的心態，而這種樂觀的心態應該是基於自己已盡力去做了自己能做的事情。

史可法絕命詩云：「雲深江黑蔽孤城，飢兵守堞夜頻驚。如今自在茅簷下，夜雨瀝瀝待宵明。」史可法鎮守揚州城，沒有支援，加上士兵飢餓無力抵抗，隨時都會失守。但他在城陷前夕卻可以很自在地獨自坐在茅草下等待天明，因為他認為自己已盡了全力，問心無愧。

我們做事亦是一樣。哲學上有所謂「目的論」和「後果論」之別。做事情要考慮的是，你是否有個合適的目的，而你朝著這個目的已經盡了力去做，這樣在道義上你已算盡了力。

無論如何，在現有的情況下，我相信香港的前途仍然是光明的。誰也說不準現今政局尚可維持多久，此篇下筆之時，隔天便會傳出國內爆發民眾暴動的消息，動輒放火燒車、襲擊政府部門、圍堵公安機關等。

現時中國人民最怨憤的有幾方面：第一，政府抽稅太重，國企盈利太深。國內的公路全部都是要付費使用，中國政府的含稅率是世界之冠，每年徵得的稅款為國民生產總值的百份之三十左右，跟丹麥、瑞典等福利國家看齊。可是人家提供的是由搖籃到墳墓的社會福利，而中國人民的福利則基本上是一無所有。

其次，國內的土地是現時利潤的最大來源，造成掠奪土地的事件頻生，因強行拆遷而致的打鬥和悲劇無日無之，令許多人民被迫作出反抗。

現時中國不僅苛捐重稅，強搶民產時有發生，還要欺壓人民。各地所謂的城管、治安隊天天毆打小販，到處恐嚇勒索，擺設各種古惑圈套去向人民收取罰款。還有官二代打人後還要大聲夾惡，自稱「我爸是李剛」，又說打死一條人命不過值數十萬，這種目中無人，以為有錢就是萬能的氣燄並非個別例子。

據我與國內人的接觸所觀察，現時國內人民的憤怒程度比八九民運前更嚴重。現在與當時形勢的分別，是現時各地的暴動事件均是限於當地的，並無牽涉到全國性問題。八九民運當日的全國性議題就是爭取民主，而點燃起運動火炬的觸發點就是通貨膨脹。為甚麼幾乎全民一同在八九年奮起反抗呢？就是因為當年通脹達18%。若今天中國通脹超過10%，我相信喪鐘早已敲起。

現時與八九年還有另一個分別，是現在的中國政府非常富有，擁有龐大的外匯儲備。中國政府可以利用外匯儲備對物價作出補貼，拖延通脹飛升，以金錢換取時間。以北京現時的財力，相信在二〇二〇年之前仍然能夠應付。

但事實上中國政府現時已陷入一個困局之中：如果不放鬆銀根，中小企將會面臨倒閉潮，失業人數大幅增加，引發民眾暴動；如果放鬆銀根，則會加劇通脹，引發民怨。在這種兩難的局面之中，唯一的方法就是由政府津貼通脹，控制生活必需品的價格。中國政府財力雄厚，應可買到七、八年的太平。

另外，雖然北京已千方百計限制人民互相通訊，但今天的互聯網已仿如時間巨輪，一旦開動就無法停下。互聯網以及流動手機等現代通訊工具，可打破所有藩籬。

於是，我對香港的前途產生了這樣的一個看法——在中國未有改革之前，香港仍可繼續繁榮。為甚麼呢？理由很簡單，只要中國一天未有改革，財產存放在國內就不會安全，於是資金便會流到外國，而國內有錢人其中一個最信任的地方就是香港。首先，中文是香港日常及法定語言，他們不怕語言不通。而且他們認為香港總算是自己的地方，深信自己在香港能有一定的人脈和勢力，不怕人生路不熟，被人欺負。於是，香港可以一直依靠這些資金繼續維持表面繁榮。

另一方面，由於國內各種的苛捐雜稅，香港的物價逐漸低於國內，尤其是貴重物品，國內人一定會選擇來香港購買。加上國內人對香港市場的法制較有信心，認為在香港買到假貨、毒食品的機會比在國內低很多，所以全國家長都蜂擁到香港購買嬰兒奶粉、名牌手錶和手袋等。

自從三聚氰胺事件之後，中國人堅持不再在國內購買奶粉，全國的高端奶粉九成是進口品牌，而購買進口品牌奶粉最可靠的地方就是香港。另外就是香港的醫療服務比較可靠，因此只要財力許可，國內人都會選擇來港求醫。只要中國一天不改革，香港這些優勢就依然存在，繼續供養香港的繁榮。

第十章

香港厄運之狼來了

第一節 不神聖聯盟

一九八二年九月，英國首相戴卓爾夫人訪問中國，意圖正式向中國領導人提出香港「續約」問題，令中國領導人頓時陷入了一個艱難的選擇之中。

如果以民族主義立場來說，他們不能夠容許英國人繼續管治香港，因為面子實在是放不下去。但收回香港的話，情況又會如何呢？當時正值中國改革開放的初期，這個人口只有數百萬的草蔓爾小島的生產總值，竟是全中國的20%。香港的經濟力量對整個中國外貿40%以上。於是，一個只有像鄧小平這樣有威信的人物才能夠提出的、非常突破的建議誕生——「一國兩制，港人治港」。

在「一國兩制，港人治港」的前題下，中國政府不會直接管治香港。香港會成為中國的一部份，但同時又不屬於中國政經體制的一部份。中央政府基本上只管香港的國防外交以及擁有香港主權，其他所有內部事務就由香港人自己處理。按照鄧小平的說話，管理香港的人是所謂「愛國愛港」人士的大聯合，只要不是漢奸、鼓吹台獨、藏獨，也就是凡贊成香港回歸中國的人士，都可以計算在愛國愛港的行列之內。

我曾用一個相當生動的比喻來形容香港與中國的關係：香港是中國的腎囊。腎囊要長在體外，是因為適合精子生存的溫度較體溫低一、兩度，如果長在身體內便會過熱，殺死精子。同樣地，如果香港完全成為中國的一部份，香港便會停止衍生任何貢獻，然而中國又不能與香港分割，必須相連一起，因此香港在回歸後一直維持著既是中國的一部份，但同時又不能在中國之內的狀態。

江澤民對於香港一國兩制的貫徹執行功勞最大。他為香港建立了一度防火牆，嚴令禁止人大政協和傳媒評論香港的事務，甚至不准港區人大代表和政協委員設立辦事處；所有部委和省市代表都不准在香港組織或參與任何政治活動；新華社在千禧年改名為中聯辦，都好像隱形般，不會談論香港的事務。此外，陳方安生嚴防北京對港的影響，如她曾說不應將公帑浪費在跨境基建方面；又盡量維持香港的高度自治，如在二〇〇一年，法輪功學員向康文署租借香港大會堂，有關方面向陳方安生請示，陳方安生只按一般程序處理，沒有向董建華呈報。她覺得兩制便是在這些地方體現出來，不用理會北京的想法。理論上香港自治基礎相當強，但現實真相是，董建華不單沒有好好利用這種自治的優勢，更將香港弄得一團糟，最終導致二〇〇三年五十萬人上街。

為了避免影響香港事務，中聯辦在香港一直十分低調，不過它同時亦開始擴充在香港的各種工作，尤其是基於它的特殊地位，在選舉協調、促進選舉勝算及操控傳媒方面下了許多工夫。在這套體制下，香港左派一直要扮演支援特區政府工作的角色，對此角色他們一直心存不滿，而這種不平衡的心理正是造成今日局面的禍根所在。

香港的傳統左派勢力認為，在殖民地時代他們受到港英政府的打壓，如今香港終於回歸中國，理應輪到他們出頭、帶領香港政權，但結果他們卻要做默默支持別人的工作，尤其是當特區政府推出了一些不受歡迎的政策，要他們保駕護航時，他們經常得為這些政策付出政治代價。

香港傳統左派主要來自兩支勢力：第一，來自勞工界。最初香港的工會分為左翼及右翼，右翼是由國民黨領導的工團總會，左派則是共產黨領導的工聯會。後來右派工會日漸萎縮，左派勢力卻日漸壯大。直至六七年暴動，工聯會的聲勢才稍稍下降，但工聯會的影響力在香港仍然是根深蒂固的，因為各種行業的工會工人不少都是支持共產黨的，例如「維園阿伯」就大部份是工聯會出身。其次就是來自左派學校。共產黨一直重視「培育」下一代，因此十分注重教育方面的投資，在港關辦的左派學校達數十間，從小開始給學生進行洗腦。現時左派勢力的接班人不少是來自培僑等左派學校。其他的還有某些文化組織，以及《文匯報》、《大公報》等左派報章。

直至董建華政權出了狀況之後，中央各情報或統戰部門的人開始大規模南下，在港進行各種工作，而中聯辦亦在此時擴展成為一個表面上有千五人，實際上卻不知有多少人的地下工作機構。他們的工作包括對各界人士，尤其是對社會上流階層及傳媒的統戰工作，亦包括派人滲透各黨派，以獲取當中消息。在這些工作的進行過程中，他們取得了香港大部份知名人士的檔案資料。相信大家也明白，情報就是力量。

由曾蔭權接替董建華大概是曾慶紅和廖暉的意思，他們明白到董建華最後的失敗是源於轉行高官問責制。董建華在第一屆任期還可以勉強執政，是因為他是透過陳方安生為首的公務員團隊去管治香港。轉行問責制之後，情況就變成董班子與公務員體系發生嚴重衝突，導致政令不出特首辦。曾慶紅是一有政治遠見的人，而廖暉則三代處理香港僑務，非常熟悉香港的情況，在這情況下，他們認為必須以公務員領導公務員，因此決定由曾蔭權接任特首。但另一方面，他們又不想單一公務員治港的時期維持大久，於是便進行釋法，令曾蔭權只接董建華餘下任期，然後再留任一屆。至於第四屆特首會如何處理，就留待之後看情況再決定。

回歸之前，香港中上階層人士的權力一直是依靠港英政府賦予的。港英政府透過委任他們進入各級咨詢委員會，甚至行政會議及立法會議，令他們獲得行政權力和聲望。

回歸後取消委任制，這班人就轉為利用功能組別繼續控制議會內的多數。他們大部份是來自各行各業的領導人物，即所謂社會的精英份子。這些精英份子加上香港富豪階層和香港的公務員系統，尤其是領導骨幹的政務官集團，再配合香港的左派勢力支持，結合成一個「不神聖聯盟」，而這就是回歸首十五年香港管治的真相。

這個不神聖聯盟最至高無上的目的是維持香港的穩定，務求香港不會出現任何動盪，使香港可以繼續賺錢，為中國作出貢獻，以及不會帶來麻煩。然而，自香港引入直選之後，香港有越來越多的直選議員。另一方面，香港傳媒亦有相當的自由度，於是要達至穩定，有些工作例如組織群眾、操控傳媒等等是必需要做的。但這些要出錢出力去做的工作，是那些吃慣免費午餐、只懂等港英政府授予權力的精英份子不會去做的。

許家屯在他的回憶錄中曾提到他建議香港的富豪辦政黨，以代言人的形式去做功夫，最後卻沒有人願意去做。但這些工作又不能不做，那麼該由甚麼人去做呢？結果，中聯辦就負起了這個責任。所以自二〇〇三年之後，香港政治的操盤權就開始落在中聯辦手上。尤其是在二〇一一年的區議會選舉中證明了他們的操盤能力不單足以對抗泛民，對大部份傳媒亦有一定的影響力，於是香港的傳統左派人士便開始問：「為何我要替他人『抬轎』？為何不是由我們來作主呢？」他們在那個不神聖聯盟中一直屬較弱勢的一派，既然曾蔭權表現不佳，何不讓他們也派人來試一試呢？

另一方面，他們對香港社會有許多看不順眼的地方。

首先，這些左派傳統思維的人一直都認為香港人實在是太自由散漫了，經常示威遊行，令政府威信蕩然無存。其次，所有議題到了立法會都會有反對的聲音，推行任何工程都要經過繁複的審批過程，不像國內般「當機立斷」，工程做得快（雖然也塌得快，但這是另一回事）。第三，政府的決定經常被法院挑戰，利用司法覆核推翻，而且不少法官都反對釋法，從他們的角度來看，反對釋法等同反對中央。在他們眼中，香港的局面千瘡百孔，以上問題都是必須盡快撥亂反正的，而梁振英及其支持者在過去十多年來所持的論調和思維就是如此。

第二節　精英之失算

董建華的八萬五房屋計劃再加上遭逢亞洲金融風暴，香港樓價在一九九七年至二〇〇三年沙士發過後的五年多時間內一落千丈，普遍私人物業貶達70%。曾蔭權吸取了董建華的教訓，在上任後馬上縮減主動的土地供應，與此同時中國內資金流入香港買樓，在供應減少和需求增加的情況下，再加上聯繫匯率下熱錢大量流入，造就樓價除了在二〇〇八年金融海嘯期間曾稍為下跌之外，基本上自二〇〇四年至今一直維持上升軌道。

另一方面，自從大陸改革開放以來，香港工業外移，香港社會轉為以服務性行業為主。服務性行業屬知識型經濟，業界不同職位的薪酬差距可以非常大，例如一個一星期能賺一百萬的專科醫生是服務性行業，一個只能賺取最低工資的快餐店店務員也是服務性行業。香港並沒有一套再分配制度可以令財富分配較為平均，因此香港的貧富懸殊情況越來越嚴重。

貧富懸殊加上樓價持續高企，令社會凝聚了一股很大的怨氣。社會大部份人的收入追不上經濟增長，市民感到無法分享過去十年的經濟增長成果。在香港這樣的一個已發展城市裏，一百二十萬人仍然活在貧窮線之下是不可接受的。中產階級亦怨恨無法置業，一方面無法改善擠迫的居住環境，另一方面亦無法分享到樓宇升值的成果。上述情況尤其在二〇〇三年CEPA實施之後越趨嚴重，因為自由行令每年訪港旅客由數百萬增至約二千萬，但這些自由行旅客在港的消費只集中於化妝品、珠寶鐘錶、高價電器等高消費產品上，能惠及的行業實際上不多，但卻因此令店鋪租金非常高昂。由於租金上漲，各種民生用品的價格亦

因此上揚。香港市民未享受自由行帶來的好處，已先承受了箇中帶來的壞處，再加上港人的文化自我保衛機制，就產生了所謂「反蝗蟲論」的文化衝突現象，造成了另一種的怨氣。而雙非孕婦、大陸旅客隨地便溺等事件，又再強化了這種文化衝突的問題。

在這種氛圍下，原來的計劃是讓一切維持現狀繼續下去，以至二〇一二年特首選舉亦內定了由唐英年繼任。唐英年是最能夠得到各界，包括了公務員、香港精英體系、富豪體系，甚至香港的左派勢力等接受的人選。而處心積累要當特首的梁振英與香港傳統左派份子其實是同一類人，他們在香港的勢力越來越大，於是便提出一個說法，指香港存在的深層次矛盾越來越嚴重，如果繼續坐視不理，到二〇一七年普選特首時，這一群代表香港精英管理階層的人未必選得過泛民代表，因此必須找一個似乎可以解決民粹深層次問題的代表人物。而且，既然二〇一七年普選似乎無可避免，早一屆在建制派中引入競爭作為預習也無可厚非。也就是這種想法令建制派之間始發生衝突。

任命唐英年的旨意主要是受到江澤民體系和廖暉在前台所肯定，與之前曾蔭權上任的情況相若。而那些所謂建制改革派，即認為社會不公、官商勾結等思維其實是較接近共青團的意識形態，所以他們之中有部份人，例如中聯辦的彭清華就是共青團的人，又得到胡錦濤某程度的支持。於是那時候的基本安排是梁振英在今次選舉中陪跑，以支持民生議題為主要政綱，然後高票落選，那麼下一屆他便有本錢與泛民代表爭長短。

誰知整個權力平衡局勢卻被王立軍、薄熙來事件與及江澤民的健康惡化打擊至破爛不堪。首先，當廖暉發現中聯辦和梁振英想靠民望來奪取香港特首的席位時，他親自南下，從選委會方面著手，幾乎將梁派趕盡殺絕，令梁振英差點兒連一百五十票提名票也取不到。這時，胡錦濤向習近平施壓，由於習近平一直依偎於胡派與江派勢力之間，於是決定稍作讓步，容許梁振英入閘。

事情發展至此，卻突然爆出王立軍和薄熙來事件。王立軍和薄熙來事件帶來的最大改變是由於王、薄二人意圖謀害習近平，結果將習近平趕向胡派那邊。在政治局常委中，本來有五票屬江派，即吳邦國、賈慶林、賀國強、李長春和周永康，豈料習近平因得悉周永康與薄熙來意圖謀害他而倒向胡派。再加上薄熙來在重慶針對前重慶書記賀國強的下屬親友，導致賀國強與周永康不和，於是賀國強亦投向了胡派，以求清算薄熙來和周永康。

在權力失去平衡，習近平倒向胡温的一刻，香港的中聯辦立即看到機會，運用他們的秘密檔案徹底摧毀唐英年的民望及他的宣傳機器。同一時間，他們已決定要在最後關頭以高民望為理由放棄唐英年而轉為支持梁振英。另一方面，他們又要瞞著唐英年，令他相信中央仍未有最後決定，以免他作出兩敗俱傷式攻擊。他們想不到唐英年會在選舉前個多星期發現了他們的真正計劃，於是就出現了唐英年在特首論壇上對梁振英關於廿三條鎮壓和商台續牌的兩項指控。到了這個時候，部份傳媒及泛民人士才如夢初醒，紛紛撲出來攻擊梁振英。可惜一切為時已晚。雖然成功在選舉之前將梁振英的民望擊落至35%，但大局已經塵埃落定。香港的富豪、精英階層和公務員體系在這次政治角力全盤失敗了。

以上所講基本就是二〇一二年特首選舉的「真相」。

第三節 趙括・馬謖・梁振英

趙括、馬謖是誰，相信讀過一點中國歷史的人都應該知道，不過讀中史的香港人甚少，讀中史的又不一定是香港人，因此同時認識以上三個人物的香港人恐怕仍屬少數，在此有必要先簡單介紹一下趙括、馬謖是何許人。

趙括為曾經大破秦兵的趙國名將趙奢之子。後來秦兵再次攻打趙國，廉頗與秦兵對峙良久，秦兵毫無寸進，於是使出反間計，謠傳廉頗無心戰鬥，相反趙括年輕力強，為秦兵所害怕。趙王聽信傳言，不明白廉頗轉攻為守是以逸待勞、令敵軍疲憊之計，決定起用趙括代替廉頗為將。其實趙括雖為名將之後，自小熟讀各家兵法，而且能言善辯，但不會臨陣應變，根本不是當大將的材料，據《史記・廉頗藺相如列傳》等記載，趙括之母得悉此消息之後立即上書趙王，力勸趙王不能用趙括為將，指趙奢在臨終前曾批評趙括為人言過其實，不可用，否則必亡國滅家。趙王堅決不聽，趙母不得要領，最後要求如趙括戰敗，自己可以不受株連。趙括取代廉頗統領軍隊後，立即改守為攻，結果被秦兵包圍，不僅趙括被射殺，趙國更被秦將白起坑殺降卒四十萬，趙國國勢從此一蹶不振，而這故事就是成語「紙上談兵」的出處。

第二位人物馬謖，有看京劇的人都知道京劇傳統劇目中最著名的折子戲為「失空斬」——《失街亭》、《空城計》、《斬馬謖》三段，當中就提及到馬謖的事蹟。根據記載馬氏有五兄弟，由馬良至馬謖，五兄弟皆才能優良，被稱為「馬氏五常」。馬良與馬謖跟隨諸葛亮十多年，以聰明才智見稱，因而得到諸葛亮的賞識，每有要事都會與馬謖商量。三國時期，魏蜀交戰，司馬懿領魏軍至祁山，諸葛亮看穿他必會先取漢中咽喉要地街亭，以斷其糧草，於是立下軍令狀，派馬謖往鎮守街亭，並千叮萬囑馬謖必須將軍營駐紮在要路的正中，擋住魏軍的去路，務必死守街亭，直至援軍營救。進知馬謖竟自作聰明，不聽從諸葛亮的指示，改為將軍營駐紮於山頂，以為可以居高臨下之優勢戰勝魏將張郃，即使蜀將王平以山頂缺水難守為由勸告馬謖，他仍剛愎自用，以背水為陣之說一意孤行。果然魏軍殺到，蜀軍立即遭魏軍圍攻，一兩天下來，蜀軍就因為缺水而軍心大亂，最後街亭失守。司馬懿乘勝直取西城，由於大部份蜀軍都在前線，以致西城空虛，於是諸葛亮立即下令撤軍，自己殿後留守，發展出「空城計」的故事。雖然「諸葛一生唯謹慎」，又云「諸葛生平從不弄險，險中求勝顯奇謀」，亦不得不冒著被司馬懿捉住的危險，擺下空城計。回去後諸葛亮揮淚斬馬謖，不僅因為他戰敗，而且是因為他不聽從軍令而戰敗，令蜀軍前功盡廢，失去唯一戰勝魏國的機會。後來諸葛亮更上表蜀主要求降罪，貶為右將軍，行丞相事。

梁振英便是現代版的趙括和馬謖。

梁振英對香港的威脅主要有兩個方面。首先，在過去多年來，梁振英及其支持者發表的都是一些批評司法獨大、反對司法覆核，主張一國凌駕兩制、嚴厲懲罰示威者、輿論導向、國情教育等大部份與香港核心價值相違的言論；另一個危險的地方，是他們都是一群失意無聊之士，對於政策一無所知，亦不懂政治和經濟學，甚至連梁振理應熟悉的房屋政策，他其實也是一竅不通。以下是兩個很好的例子：

第一個例子是梁振英曾經表示可以增加土地供應同時不拉低樓價，這本身已是經濟學上的奇蹟，因為原則上供應增加，價格必然下跌。同時，我質疑他對香港的房屋問題究竟有沒有少許的認識？當了測量師幾十年、在行政會議中負責房屋政策事務十五年的他竟然不知道香港的房屋問題是樓價太高，香港人根本買不起？即使供應增加，如果樓價不跌，沒能力買樓的人只會繼續買不到樓，對一般香港市民來說根本毫無幫助。

另一方面，香港的土地供應不是說增加便增加，看看元朗橫洲事件，梁振英是橫洲發展小組主席，原本計劃在棕地上興建一萬七千個公屋單位，結果兩次與鄉事派摸底後，改為只在綠化帶興建四千個單位。在此不論梁振英陷入官商鄉黑的醜聞，只是可見要解決香港後續的土地供應問題，執行起來有多困難。

第二個例子是梁振英曾經呼籲已經上樓的香港市民要有同理心，顧及基層市民的需要，不要反對在區內興建公屋。然後，市區重建局主席張震遠和房協主席楊家聲分別發言。先是張震遠建議將部份收回的市區土地興建公屋，接著楊家聲就大讚市區公屋可行，又提出建公屋不一定要建大型屋苑，可以建單幢式的公屋。

只要有少許常識的人都發現得到這套政策的荒謬之處，而提出這套政策的人竟然是號稱房屋專家的特首。

市建局回收市區舊樓重建有既定的賠償公式，一般來說，需要以同區七年樓齡的市價賠償，還要另加搬遷費。即是說假設當區的新樓市值是兩萬元的話，市建局便極有可能要用萬多元一呎的價錢去回收舊樓。由於市建局要自負盈虧，項目要以賺錢為目標，所以我們偉大的市建局主席張震遠就想，由市建局不惜工本、一擲萬金去回收市區地皮，再交予房協的楊家聲主席大展拳腳，由他用地皮興建公屋，再以四、五元呎租租出的「妙策」。

我要質問的是，這樣做究竟能夠在市區興建到多少間公屋呢？大家都清楚市區土地非常有限，以銅鑼灣為例，就算鏟平維園來建公屋，大概亦只能興建一萬個公屋單位，令約二萬五千人受惠。成功抽到市區公屋的人當然會非常高興，因為公屋租金並非以同區租金水平或成本計算，而是以公屋住戶收入中位數計算，即是說銅鑼灣的公屋租金將會與天水圍相同。市區永遠不會有足夠的公屋供應令所有想搬往市區居住的人能如願以償。

到底從市區重建得來的公屋成本是多少呢？市建局以過萬元呎價回收土地，但真正成本並不只是地價和建築成本的總和。由於是公屋，樓宇的外觀必然不會十分瑰麗豪華，質素也會相對私人屋苑低廉。當整個維多利亞公園都建滿醜陋的屏風樓，將一批經濟能力較差的人集中在此居住時，會得出甚麼結果呢？第一，破壞整區的居住環境；第二，摧毀整區的市值。因為加插公屋單位，整區的樓價市值隨時下跌以百億計。將香港市區變成哈林區，到底對誰有好處呢？

也許有幸抽到市區公屋的一萬幾千個市民會因為可以搬到市區居住而高興，而政府以每戶千萬計的公帑津助一小撮公屋居民，如此「敗家」，相信很快便能耗盡政府的財政儲備，到時候政府官員也就不會再被人詬病為吝嗇鬼、守財奴了。

但市民是否非居住在市區不可呢？用上千萬的公帑資助一小撮市民搬到擁擠的市區，跟直接給他們每戶五十萬搬到新界地區，哪一個選項會較受申請公屋者歡迎？

這種損害全港利益而對幾乎所有人都沒有好處的荒謬政策，竟出自一個自稱從事房屋業數十年的人口中，紙上談兵的程度實在令人震驚。

另一點梁振英和馬謖相似的地方，是兩人同樣自以為是，一意孤行。

梁振英勝出選舉後，尚未正式走馬上任，便一刀切停止雙非孕婦來港產子的配額。雖然他在特首選舉論壇攻擊唐英年不懂人口政策，但從他的決定，恐怕其實他自己亦不懂得人口政策為何物，完全不理解香港的人口問題是甚麼。

過去十年，香港人口增長非常緩慢。以梁振英宣布一刀切的二〇一一年為例，香港人口為七百〇七萬人，較十年前（二〇〇一）的六百七十萬人只增加了5.5%，而香港生育率又非常低，二〇一一年時，雙非嬰兒佔了出生嬰兒數目超過三分之一。可以說，若非雙非孕婦來港產子，香港人口更少。我要問梁振英先生，他認為人口減少有沒有問題？

梁振英說不應以雙非孕婦來港產子作為解決香港人口問題的方法，那麼我就要問，他認為採用甚麼方法去解決人口問題才是正途呢？增加移民入境，加大外勞配額嗎？不少工會已對輸入優才計劃感到相當不滿，試問增加外勞輸入會是容易推行的政策嗎？難道就不會引起更多社會磨擦嗎？

輸入人口有兩個方法，一是輸入初生嬰兒，一是輸入勞動人口。輸入勞動人口可以省下供書教學的成本，即時為市場注入勞動力，看似是非常聰明的做法，但由於這些勞動心口並不是在香港接受教育，價值觀與港人可能有所差異，所以他們亦是最容易挑起社會矛盾和衝突的一群。

香港人生育數字由全盛時期的每年十二萬減至現時每年約五萬多。香港人不肯生育，其他地方的人來產子又有甚麼問題呢？他們所生的嬰兒，只要是在香港長大、受香港的教育、有香港人的價值觀，那麼他們就是一個徹頭徹尾的香港人。荀子有云：「干、越、夷、貉之子，生而聲、長而異俗，教使之然也。」在那裏長大，就是那裏的人，因此兩者必需要作出平衡。

我並不是說雙非孕婦問題不存在，但我們必須看清真正問題究竟在哪裏。雙非孕婦的問題是在於來港孕婦急增，對香港的醫療系統造成沉重壓力。完全停止雙非孕婦來港，數年後便會出現中、小學殺校潮。在提出措施之前，請梁振英先好好研讀一下香港的人口數據。嬰兒潮時期每年有超過十二萬嬰兒出生，如今本地加雙非孕婦生的嬰兒數目也不超過十萬。若要減輕現時醫療系統的壓力，可以先減少雙非孕婦的配額，令所有本地孕婦甚至單非孕婦有足夠的床位。梁振英的做法是只顧討好一時的排外民粹，完全置香港長遠平衡於不顧。

另一方面，不少醫院都進行了巨額融資或借貸來擴充婦產科大樓及增聘人手，梁振英不准雙非孕婦來港產子，仿如一語定音，即時切斷醫院婦產科重要客源，醫院因此而要大規模裁減婦產科人手實不足為奇。事實上，合理的做法應該是一方面減少配額，另一方面輸入一定的醫護人才，問題便可以得到一個平衡的解決，這才是為政之道。

梁振英的「配額」言論無疑可以搏得一些排外人士的一時掌聲，但同時觸動了大批人受影響。一個沒有人民授權的政府採取這種斷然截然的措施，其實跟東莞突然嚴打按摩場無異，令所有人都不知所措。

香港的政策一向是漸變而非驟變的。政策驟變是獨裁者的風格，例如蔣介石政府做事就非常有效率。據説有天蔣介石發現街上大部份電單車都沒有車尾燈，於是他便越過了行政院長、交通部長、台北市長、台北警察局局長，直接致電台北警察交通部的主管。交通部主管直接收到蔣介石的電話當然大為緊張，於是之後數天，全台北市的警察都只做一件事，就是檢控沒有安裝車尾燈的電單車。我們是否希望香港變成這樣的一個社會呢？

那些沒有實際做事經驗、缺乏常識至近乎弱智，卻剛愎自用，自以為聰明才智過人的志大才疏之士，實在是世間頭號危險人物。

第十章：香港厄運之狼來了

第四節　百無一用書生政治

除了用趙括、馬謖來比喻梁振英「紙上談兵」以外，其實還有另一個非常適合用來比喻梁振英的歷史人物，此人就是王莽。

梁振英跟王莽相似的地方有幾個。首先，相信大家都有讀過以下這首詩：

「贈君一法決狐疑，不用鑽龜與祝蓍。試玉要燒三日滿，辨材須待七年期。周公恐懼流言日，王莽謙恭下士時。向使當年身便死，一生真偽有誰知。」

王莽在未曾登上帝位之前經常謙恭下士，非常喜歡到處體恤平民的生活，每每將自己的俸祿分派給有需要的窮人，在關心基層生活這一點上與梁振英十分相似。梁振英無論在選舉工程進行時還是當選之後都頻頻落區，由基層代表人物何喜華陪伴在側，對貧苦大眾噓寒問暖，加上梁振英提倡大建公屋予低收入人士居住，因而深得民心，成功上位。

王莽固然是一個少有地聰明的人，否則就不能成功篡漢奪位，現代社會不再講求忠君愛國，因此我也不會用封建的眼光去評價王莽，只會從他登位之後所做的事去分析。

王莽登基之後第一件做的事就是改制，而這個舉動與梁振英成為特首試圖進行的事不謀而合。由梁振英上任後的言論可見，他認為現政府是非改革不行的，仿佛若不跟他的建議將現時的三司十二局架構重組為三司兩副司十四局，政府便不能建設更多公屋及提供更多土地。梁振英這個說法的奇怪之處，「大嗜」陳偉業已撰寫文章以數據反駁得相當清楚。

陳偉業在文中指出，在過去二十三年，除了二〇〇二至二〇〇七年之外，大部份時間房屋局與規劃地政局並非同一部門，然而在彭定康年代，每年樓宇單位供應曾高達九萬一千個，而在董建華任特首期間，全港總住宅單位落成更曾達十一萬五千個。反而二〇〇二至二〇〇七年房屋局與規劃地政局合併成房屋及規劃地政局期間，私人住宅、公屋及居屋落成單位卻由五萬一千個急跌至二萬五千個。由此可見，能否增建房屋與部門合併及他所建議的新任司局職位沒有任何關係。

王莽和梁振英的做事方法同樣是完全只從理論上出發，不講究實際情況，奉行的完全是一種書生政治。

王莽其中一件最為人所熟悉的事跡，是他在位的短短十五年間進行過多次官制和幣制改革。他相信只要將官制改好，天下便自然會得到治理。於是他登位後多次根據儒家經典將大批政府機構和官職改換名稱，如將「太常」改為「秩宗」，「太守」改為「大尹」或「卒正」、「連率」，「都尉」改為「太尉」，「縣令（長）」改為「宰」等等，又新增大量新官職及按照傳說的周制大封五等諸侯。當時官制改革之頻繁，甚至連官員所用的印章都未來得及雕刻完成已變得不再適用，後來唯有改用木造印章。

王莽又將經濟問題歸咎於幣制不足，於是進行了四次大型的幣制改革，將貨幣分為金、銀、龜、貝、銅「五物」，錢貨、金貨、銀貨、龜貨、貝貨、布貨「六名」，以及二十八品等。這種複雜的幣制幾乎無人能夠完全搞得清楚，導致市場交易一片混亂。

更重要的是，王莽提出的種種改革與梁振英一樣，表面上似乎都是出於善意的。例如王莽以王田制為名復行井田制，禁止土地兼併，就等同於梁振英提出要對付地產霸權，防止大地產商囤積過多土地一樣。

另外，他又改奴隸制為私屬制，不准奴隸買賣，因此有人説王莽其實是一個原始社會主義者，意圖推行均貧富等社會主義理念，這一點與梁振英亦非常相似，雖然梁振英並非原始社會主義者，而是一個紮紮實實的共產主義份子。在梁振英眼中，香港社會非常不公道，需要像他這樣的人來改革。

現在就回顧梁振英所謂的改革是甚麼。

梁振英當選特首後，還未上任，便提出要成立三司兩副司十四局，坊間大多數人都看不明白梁振英這項改革背後的目的。其實，在原有的十二局當中，有九個隸屬政務司司長，其餘三個則歸財政司司長管理。基本上，除了直接與經濟有關的三個決策局，即發展局、商務及經濟發展局和財經事務及庫務局之外，所有局都是由政務司司長統領，亦即是説政務司司長是百僚之長。這樣做的目的是要保證局與局之間不會出現矛盾，或者即使政策出現矛盾，亦可以由政務司司長來加以訟裁。在這套架構下，政務司司長管理的局佔整體的75%。但如果按照梁振英的建議改為三司二副司十四局的話，則直接由政務司司長管理的局會減至六個，即公務員事務局、政制及內地事務局、環境局、食物及衛生局、民政事務局及保安局。而新增的副政務司司長會管理三個局，餘下兩個局就由副財政司司長管理。政務司司長管轄的局大幅降至約43%，不足一半。

在梁振英提出的政府架構重組方案中所新增的副司長職位，其實都各自有兩至三個局直接隸屬，是一個擁有實權的職位，而非梁振英所講的副手位置。而羅范椒芬在向議員各界解釋架構時亦已清楚説過，如無必要兩位副司長無須向政務司司長或財政司司長報告。於是實際上，重組後的政務司司長不過是四個分別管理不同部門的人之中，管理較多局的一位而已，地位與其他三位基本上一樣，每個人都是直接向梁振英負責。

這個情況最直接的比喻就是明太祖朱元璋所做的事。明朝朱元璋廢丞相，吏、戶、禮、兵、刑、工「六部」直接向皇帝負責。這樣做的好處首先在防止皇帝權力被架空，其次就是可以獨攬大權，將中央集權推向極致。但這樣做卻要付出非常大的代價，由皇帝自己兼任丞相，歷史上只有數個人能夠做到。朱元璋曾寫過這樣的一首詩：

「百僚未起朕先起，百僚已睡朕未睡。不如江南富足翁，日高丈午猶披被。」

據說朱元璋每天最少要處理三百多份奏章，即使像朱元璋這樣聰明絕頂的人亦要每天工作十八小時，一星期做足七日才能應付，幾乎疲勞過度吐血身亡，毫無生活樂趣可言。若生活只有工作，那麼當皇帝又有甚麼意義呢？結果朱元璋的子孫無一人願意、也無能力可以繼續朱元璋的管理方式。

後來又有另一位皇帝意圖這樣做，這個人就是滿清皇帝雍正。因此雍正最信奉的說話是養心殿西暖閣的一副對聯：「惟以一人治天下，豈為天下奉一人」，意思就是皇帝的責任是要以一個人去管治天下，而不是要將天下最好的東西奉公守法給皇帝。皇帝的責任重大，工作繁忙，即使有再好的東西也不會有閒暇去享受。雍正甚至要依靠煉丹方術，服食各種興奮劑提升精神體力，才能應付長期的長時間工作。

梁振英的重組方案就是意圖以四個「超級部長」取代「丞相」管理各局，再由四人直接向梁振英負責，整個特區政府的所有事務均「出自朕裁」。連擁有絕頂聰明才智的朱元璋和雍正都要出盡九牛二虎之力才能完成的事，不知道梁振英如何評估自己的智商和能力，認為能夠應付得來？

再看梁振英在架構重組上的細節鋪排，我們會發現新架構中的政務司司長沒有太多實質的工作。公務員事務局、環境局和民政事務局的工作及政策不會有太大的變動，而政制及內地事務則要聽從中央拍板，要做的工作其實不多。

至於新增的副政務司司長管轄教育局、勞工及福利局，以及文化局，正好是梁振英在上任特首後打算大展拳腳的範疇，例如文化局的增設是為了進行洗腦作鋪排預備的功夫。假如副政務司司長一職真的順利設立，梁振英為了完成自己的工作目標，一定會委派他的嫡系人馬坐上此位。

梁振英在財政司司長工作安排上作出了一些創建，將房屋規劃及地政局合一。過去，房屋規劃歸入運輸及工務局，但新架構卻將房屋與運輸分拆成為兩個部門，而這個決定顯示出梁振英原來不明白為何過去運輸和房屋要歸入同一個部門。在任何地方興建住宅之前，必須先確定該區交通設施能夠配合，如果只顧不斷興建樓宇而交通系統不能負荷的話，那些亦不過是無用的「廢樓」。

另外，他亦不明白房屋政策牽涉的範疇眾多，與其他政府部門千絲萬縷、錯綜複雜的關係，例如所有公屋和居屋興建的社區規劃項目都需要得到區議會通過，因此民政事務局對於開發房屋有重大的影響。社會規劃項目要獲得區議會通過並非易事，事前要做許多溝通或協調工作。以往所有部門都隸屬政務司長，部門之間的矛盾和問題可以由他去負責解決。然而重組後，部份部門隸屬政務司司長，部份部門隸屬財政司司長，由不同人去負責，結果可能會互相卸責收場。

而工商產業局、科技及通訊局則會由副財政司司長管理，據梁振英所說主要是負責與大陸溝通，負責「十二五規劃」，此職位若成功設立，毫無疑問會由梁振英的嫡系擔任。

梁振英提出的那一套新架構的劃分方法，顯示出梁振英高估了自己的能力。他做特首前沒做過一天公務員，雖然當過行政會議召集人，但亦不過是相等於出任過一般公司的董事局，一直只是作壁上觀，沒有直接參與過公司實際運作。如果我請一個CEO，他在未上過一天班之前就堅決要徹底改組公司，然後才肯上任的話，我一定會立即炒他魷魚。任何真正懂得管理的人都知道，要順利接管一間公司，新的領導層都需要先上任，親身體驗及觀察過公司的內部運作情況，摸通所有人事脈絡，了解真正的問題，才會展開改革。梁振英未就任特首，沒有實質管治經驗，便企圖獨自利用四個司長去管理十四個局，簡直天方夜譚。

政治是甚麼呢？不少人引用孫中山的說話「政者，眾人之事；治者，管理之事。所謂政治就是管理眾人之事。」來定義政治。這個說法我不全部認同。

政治，簡單來說就是一切與權力有關的事情。在辦公室裏有政治，在家庭裏也有政治，因為在不同的處境中都存在著各式各樣的權力角力。一個政客要處理的其實是一種高層次的人際關係，他要協調各方面的利益，照顧不同人士的情緒。從政就如踢足球，需要有一定的觸覺，要看得通形勢，知道事情行不行得通。而梁振英就是沒有這種觸覺，於是在三司兩副司十四局一事上，做了愚蠢的行為。

他在六份報章上撰文表達他對議員審議架構重組的不滿。文中首先引述《明報》委託鍾庭耀博士進行的民意調查結果，指有 45.8%的市民反對用「拉布」阻礙三司兩副司十四局的架構重組建議在七月一日前通過，顯示市民不贊同議員的「拉布」行為。另一方面他又指，二〇〇七年政府架構改組涉及八個決策局，但立法會當時只有政制事務委員會召開會議討論，其他事務委員會，包括房屋事務委員會並沒有進行討論。然而今次只涉及四個決策局的新政府改組建議，除政制事務委員會外，房屋、民政和資訊科技及廣播等事務委員會亦同樣要開會討論，質疑各個事務委員會紛紛召開會議討論改組建議，是不是「拉布」的一種。文末他問市民三司兩副司十四局這個架構在七月一日前通過有甚麼壞處，認為新架構是「急市民所急」。

整篇文章的語調給人他在教訓立法會的感覺，作為當時尚是候任行政長官的他，是極不當的。他最多只可以表示出他的期望，希望立法會可以幫忙配合，而非訓示立法會。即使外國的民選政府，在通過重大法案或涉及大額公帑的議案前都會先作咨詢，甚至進行公投，才作最終決定，何況梁振英是由小圈子選舉選出來的特首，而非全民投票選出，欠缺民意基礎？雖然他在參選政綱中有提及改組政府架構，也不等如得到全港市民的支持。

此外，立法會議員審議架構重組，實屬正常不過，都是為了檢視政策在大方向和細節上的錯漏，從而作出改正，避免日後出現問題。至於召開會議討論政府政策，是各個事務委員會的職責範圍，怎會等如拉布？

另一方面，梁振英的說法　對是斷章取義。民意調查中除了他引述的問題，之前其實還有另一條問題——「候任特首增設兩個副司長兩個新局長，改組為五司十四局，你傾向贊成還是反對呢？」贊成的只有23.7%，反對的亦只有22.2%，而中立的人有41.3%，不知道的是12.8%，支持和反對的人數相若，這顯示兩者的人數皆不足以代表大部份市民的意見。既然有超過一半的人仍然未有立場，甚至不了解重組建議，為何立法會不可以代表市民去問清楚呢？立法會的職責就是要討論清楚重組架構的好處和壞處。

梁振英說新政府架構改組建議只涉及四個決策局的說法完全是荒謬的。除了新增和合併之外，梁振英的重組建議還包括重新分配司長或副司長轄下的政策局，這種調動當然對涉及的政策局有所影響。另外，增加副司長一職在憲制上是增加了一個政府架構層級，絕對是一次重大的憲政改革，並非如他所說是小事一樁。

香港是一個開放社會，任何政策都要作出咨詢，所有事都會有反對聲音，管理香港其中一個難處是要克服各方面的政治反對力量。政府高層一定要懂得如何游說社會各界接受他們提出的政策，像三司兩副司十四局重組就因為沒有咨詢而受到市民質疑。面對這些懷疑，梁振英立即面露不悅之色，羅范椒芬則說政府無需要事事咨詢公眾，大可先改組再監察。

或者他們以為在香港可以用國內的模式做事，香港人會任由政策先通過再算。然而事實證明國內那一套在香港是行不通的，越想蒙混過關，香港人的反對越強烈，所以最後三司兩副司十四局的大計胎死腹中。

只懂紙上談兵，沒有實際辦事能力，自以為是，胡亂改制，這就是我從一開始便反對梁振英出任特首的其中一個理由。

王莽的改革最終導致天下大亂，他在位十四年，最後被殺，人民都渴望新朝盡快崩潰。當時百姓民心思漢的情緒其實與現時香港人的心情頗為近似，董建華在位時香港人懷念港督彭定康，曾蔭權時期香港人又懷念董建華，梁振英上台後，香港人又有覺得曾蔭權並不太差，因為曾蔭權雖然奉行「不做不錯」的精神，但起碼不會胡亂改革，將市民折騰得死去活來，無所適從。

第五節　蓋棺論定梁振英

此番續寫《香港的命運》，梁振英已經做了超過四年香港特區政府行政長官，甚麼底也露出來了。二〇一六年十二月九日，梁振英含淚宣布以照顧家庭為由，不爭取連任特首，真是送給港人的年度大禮。由忍淚明志那一刻開始，梁振英正式成為跛腳鴨，來者不可追，不妨回首往事，總結他在過去四年半任期的五大管治特色。

第一，假如民意對實施某項政策要求非常強烈，而該項政策和北京沒有利益衝突的話，梁振英會順從民情去實行，奉行民粹主義，完全不顧政策背後有沒有違背香港一貫的原則，也不會考慮長遠得失。這是他跟曾蔭權其中一個非常大的分別。有幾個例子足以證明梁振英這種施政特色。

首個例子是他尚是候任特首，出席一個活動時，突然叫停雙非孕婦來港產子的名額。這點在本章第三節已有詳盡論述。其實曾蔭權做特首時，何嘗不知本地居民對雙非孕婦湧來港產子怨聲載道，不過他考慮了兩個角度，一是香港私家醫院的婦產科受惠，生意很好，全部擴充；二是為香港人口增長作出了貢獻。因此，曾蔭權最多設立雙非孕婦來港產子的配額，不會「趕盡殺絕」。梁振英則懶理這兩點，既然香港民情強烈要求停止提供配額，又跟北京沒有甚麼利益瓜葛，便手起刀落。

第二個例子是他頒佈限奶令。自從大陸奶製品爆出三聚氰胺污染事件後，大批內地人湧到香港搶購奶粉，造成奶粉荒，另外水貨客見有利可圖，紛紛將奶粉帶出境，除了滋擾上水一帶居民的日常生活，也令奶粉短缺問題更嚴重，香港人自然怨聲載道。曾蔭權遲遲不肯頒布限奶令，原因是香港是自由港，商品和遊客可以自由進出境，但梁振英毫不顧慮香港作為自由港的原則，總之為了平息民怨，解決奶粉荒，便匆匆頒布限奶令。

第三個例子是推出樓宇買賣辣招。鑑於香港樓價自二〇〇三年沙士完結後幾乎一直上升，與一般市民購買力脱節，曾蔭權便推出額外印花稅（SSD）。梁振英上台後，則陸續推出「加強版」的額外印花稅、買家印花稅（BSD）（註一）、雙倍印花稅（DSD）（註二），還有劃一樓價15%的物業印花稅。雖然我連曾蔭權的SSD也不贊成實行，但好歹只限制短期買賣。梁振英則是不斷藉著其他辣招抑制樓價上升，其實違背了香港的原則。

先說BSD。沒錯，不少地方也有限制外地人買樓的措施，如上海以外的居民想在上海購買住宅物業的話，須在當地工作一年或以上，而且只能購買一個物業；若外國人想在新加坡置業，須繳交較高稅項，而且不准購買別墅。不過，香港是一個自由港，一直歡迎任何人來投資，為何物業買賣卻在自由投資市場上「被豁免」呢？限制有限公司買樓簡直是聞所未聞，離經叛道。使用有限公司（即法人）的名義去買樓，有很多好處，例如權責清楚；樓宇屬公司擁有，而非某一大股東個人所擁有，為何要抹煞這些好處？何況，

註一：買家印花稅即如果非香港永久居民在二〇一二年十月二十七日或之後買入物業的話，無論是個人名義或公司名義，均須按物業交易的代價款額或物業市值（以較高者為準）繳付百分之十五的稅。

註二：雙倍印花稅即無論是以個人或公司名義購入第二個物業（包括住宅和工商舖）的話，二百萬或以下的交易須繳付相當於物業成交價百分之一點五的釐印費，而非以往的一百元。其他金額的交易則全面增加一倍，由以往最高的百分之四點二五增加至百分之八點五。

BSD只利用税款去限制外地人買樓，卻不適用於買地。換句話說，有一間海外公司來港投資買地，然後在上面興建樓宇出售，便能完全迴避了税款。這樣違反商業操作規律，怎會合理？

至於DSD和劃一樓價15%的物業印花税呢？絕大部分人購買第二個物業，都是用來收租，換言之，DSD和劃一印花税是用來懲罰收租的人士，這有甚麼意思？設想一個情況：業主甲某因急需用錢而要售出物業。乙某沒錢置業，想租賃單位。丙某本身已擁有物業，想再買樓放租，以前的情況是丙某購入甲某的單位租給乙某居住，本來三方得益，皆大歡喜，然而，在DSD和劃一印花税推出後，買樓收租的人要承擔高昂的税率，類似的情況消失了，結果想賣的賣不去，買的買不了，租的租不到，對誰都沒有好處。租務市場一直以來是樓市必然及重要的組成成分，現在抑制租務市場，想居住的人都要自置物業，豈不是荒天下之大謬？為了抑制樓價，將香港一直持之有恒的買賣形式完全置之不顧，這就是梁振英的本色。

第四個例子是深圳原本在二〇一二年九月一日放寬非深圳戶籍居民以「一簽多行」方式來港，但當時香港人已對內地旅客甚感不滿，梁振英立即改變支持「一簽多行」的立場，與內地協調，無限期擱置有關措施，懶理和旅遊相關的行業會受到甚麼影響。

凡此種種往績，都可見梁振英的社會主義傾向和民粹思維。他以前在仲量行負責宣傳和銷售，奔走於豪門巨賈之間，拉攏發展商與仲量行合作，游說富豪將地產項目交予仲量行代理，等於是一名高級地產經紀。不過，從他做特首後的所作所為，可見他並不認同以利益掛帥，而是相信社會和民粹主義。不過，假如民粹傾向會影響他的政治利益，那麼他便會立即捨棄民粹。很多地產商和做生意的人看穿他這種品質，所以不相信他。

可是，就算梁振英有民粹思維，同樣不獲基層人士喜歡，原因是他謊話太多，以及他逐漸浮面的獨裁傾向。

梁振英是一個做事非常急進的人，認為過去政府辦事最大的問題在於「慢」，所以當他上場後，首要任務便是加快政府的處事速度。要達到快的目標，他的方法就是跳過所有程序。曾蔭權為官多年，深明政府做事的程序，知道有些事情急不來也急不得，相反梁振英完全不了解這點，以為一切只要他出力催迫，定可成事。可是，事情並不如他想像般順利，遇上障礙時，他的應對方法只有兩招：第一，向中聯辦哭喊求救；第二，借民粹撒謊，每次都以房屋供應等民生事項威嚇港人，稱如不遵從他的建議便會無屋住、無飯吃。這種說話初時還可嚇嚇人，講得太多，便沒有人再相信。

作為一個政客，不是不可以說謊，但有機會立即被人拆穿的謊話絕對不能夠說。此外，謊話不能說太多，多得連自己也記不住，就很容易自相矛盾。又，一些沒把握的事情不可以說得太絕，必須為自己留有下台階。好像梁振英在競選特首時，保證一般公屋申請者平均只需三年便上樓。當時的他有沒有想過，如果三年內上不了樓怎麼辦呢？結果事實證明此承諾根本無法兑現，令原本滿懷希望的基層人士對梁振英感覺差勁。

梁振英管治的第二個特色是他無能人可用，只有庸人可供驅遣。他不像董建華般有顯赫的家族背景，也沒有曾蔭權從政多年積累的人脈和經驗，只是一個出身寒微、「新愛國」分子，傳統左派或具有才幹的人士都不願為他所用。所謂愛國人士，分為三類，第一類是老愛國，如曾鈺成；八十年代改革開放後愛國的，叫做新愛國，梁振英便是其一；中共統治下國力蒸蒸日上，突然跑出來說愛國的那些人便是忽然愛國，如譚惠珠。梁振英不是根深蒂固的愛國分子，靠擦已故全國政協副主席安子介的鞋出身，凝聚了一群新愛國人士，尤其思想極左的人物，例如邵善波、張志剛等，當梁振英成為特首後，便十分倚重他們。不過，有甚麼具備才幹的人願意輔助他呢？沒有。看看他任命的司長和局長，便知蜀中無大將。吳克儉是人力資源出身，卻被委派掌管教育，結果屢屢出醜，被謔稱為「吳得掂」；陳茂波更是不知所謂的「劏房波」；羅范椒芬掌管教育政策時，強推教改，又指兩名教師自殺與教改操之過急無關，霸道、涼薄形象深入人心，而且曾與當時的教育統籌局局長李國章多次接觸香港教育學院高層，干預學術自由和院校自主，但她與李國章同樣為梁振英所重用。香港人看見這些名字，便知無能又禍港，憤怒無比，但梁振英手下無大將，一定要用他們。當然，這些人的意識形態和他接近，所以他不顧任何人的意見，便將這些人委任在要緊位置上，簡單來説就是用人唯親。

身為政治人物，最少應具備以下其中一種特點：一是深具政治魅力，只要站出來跟公眾説話，大家自然樂意聽從；二是願意誠懇和公眾溝通，讓公眾明白政策的目的，接受政策推行。梁振英兩種特點都沒有。他服從共產黨的思想，不是朋友，便是敵人，用二元論去看待世界。不幸的是用他的心鏡照出來，世上大部分都是妖，都是敵人，所以要跟他們鬥爭。舉例，梁振英不滿自由黨經常和政府唱反調，便不理自由黨是建制派其中一員，下令不准司、局長級官員到賀自由黨二十周年黨慶晚會，驅使自由黨變成政府死敵。對付傳統死敵泛民呢？梁振英則呼籲選民用選票將他們踢出議會（Vote Them Out），完全是敵我矛盾的做法。這些行為顯示梁振英完全不懂政治。政治人物要能忍，無論如何不喜歡對方，也不能顯露出來，避免樹敵。梁振英卻不然，愛恨分明，敵人自然越來越多，可用之人也越來越少。

梁振英管治的第三個特色是他濫用公權力，這跟董建華和曾蔭權有明顯分別。當日通訊事務管理局建議發牌給三間申請免費電視牌照的機構，包括王維基的香港電視、吳光正的奇妙電視和李澤楷的香港電視娛樂，但梁振英最終將香港電視拒諸門外。有人認為皆因梁振英與亞視股東之一的查氏家族有密切的關係（查氏家族與日本戴德梁行有生意往來，據説甚至是日本戴德梁行的最大顧客，而梁振英持有日本戴德梁行的股分），假如發牌給最進取的香港電視，加上免費電視台太多，亞視可能無可避免地倒閉（後來證實無論如何拯救，亞視倒閉都是無可避免）；他委任白韞六為廉政專員，由白韞六出手取消李寶蘭的廉署署理執行處首長職務，何俊仁指這與當時廉署調查梁振英收取澳洲企業UGL五千萬港元回佣案有關，結果李寶蘭辭職，多位廉署高層也相繼請辭；立法會參選人要簽署確認書，表明擁護《基本法》及承認香港是中國不可分割的部分，總之務求打壓政治異見人士；涉嫌為幼女梁頌昕向機管局施壓，特事特辦，避過安檢程序，由航空公司職員將梁頌昕遺漏在禁區外的行李送到禁區內等。據説他未當上特首前，曾在駕駛車輛時違反交通規則，被交通警截停抄牌，他立即問交通警：「你知不知道我是誰？」這就是梁振英。

梁振英管治的第四個特色是手段無謂地強硬，完全沒有妥協的餘地。以設立創新科技局為例，梁振英未上任已繞過立法會其他法案，提出創局動議，之後遭到否決。不少人中肯分析反對設立創科局的原因，但梁振英不理，不斷向立法會闖關，折騰了四年，終於成功設立了，但又如何？有甚麼實際作用？梁振英不理，總之硬是要遂了自己意願。再如他堅決委派李國章做港大校委會主席，明明很多人討厭李國章，為何非用這位教育沙皇不可？縱使要讓建制派的人坐上此位置，也不用選擇一個這麼惹火的人，可是梁振英的作風便是強硬到底。

梁振英管治的第五個特色——也是禍害香港最深的一點，便是他唯北京和中聯辦之命是聽，堅決執行北京在港的政治任務，完全不考慮捍衛一國兩制的重要性。香港人眼見北京逐漸插手香港事務，已非常反感，梁振英卻不斷主動展示自己親近和聽從北京的立場，毫不避忌。他當選特首後，第二天便到中聯辦謝票，明確展示自己由西環扶植，聽命西環，讓中聯辦成為香港事務的領導人。梁振英又向北京大送高帽，例如在二〇一六年施政報告中說了四十二次「一帶一路」，明顯是呼應習近平提出的「一帶一路」策略。其實香港根本和一帶一路沒有關係，梁振英硬要混在施政報告中談，目的當然是討好習近平。此外，任何北京緊張的香港事務，梁振英都比北京更留意，例如推行國民教育。本來自香港回歸後，政府已逐步在教育政策滲入國民教育的元素，曾蔭權更曾在施政報告中明言要不遺餘力推動國教，但到了梁振英手中卻處理得不好，激起大型反國教事件。因此，幾乎所有香港人都對梁振英厭惡。

以上這五點，導致香港在梁振英主政時期政策短視，核心價值被不斷蠶食，紛爭不斷，社會陷入撕裂。

要知道香港這個城市等如一頭複雜的家，枝繁葉茂，立場各異。假如家人之間有甚麼衝突，一家之主要解決彼此的紛爭，而非煽動雙方進一步仇恨。舉一個例子，討論二〇一二年政改方案時，曾蔭權一方面爭取民主黨支持，另一方面努力向北京斡旋，最終成功說服北京接納超級區議會方案。這是我們要讚賞曾蔭權的地方。換轉是梁振英的話，只會努力加劇敵我矛盾，例如跑到北京面前告泛民的狀，說這些泛民的人都是壞人，一定要用更強硬的手段打壓他們。這樣一個家又怎會有安寧日子呢？不要忘記還有中聯辦，和梁振英同一鼻孔出氣，每逢梁振英和泛民或追求民主的人有衝突，便由中聯辦出面，聘請社團人士舉牌吶喊，對抗反對政府的示威群眾，雙方的情緒自然激化得十分厲害。過去數年，梁振英和中聯辦都是用這種群眾鬥群眾的方法，終於令香港這頭家陷入撕裂的地步。其實全世界任何一個地方有示威，都是反對政府或抗議某項政策時才會出現，至於支持政府者平素不會跑上街搖旗助威——既然政府已經執政了，何須跑出來再表態？但梁振英好像不明白這一點，總之要有人出來支持政府。這些人惡形惡相，甚至是黑社會分子，這對梁振英本人、政府及香港的形象都是極大的打擊。

當然，梁振英自我摧毀形象的事又豈止如此，他不斷撒謊去掩飾自己的過失，例如他競選特首時，指責對手唐英年家居有僭建問題，一臉正氣凜然，到競逐成功後，尚未上任，已被《明報》揭發他的山頂家居裕熙園四號及五號屋同樣有僭建問題，結果輿論大嘩，他卻若無其事，指在購入大屋前已存在部分僭建物，又說曾委派專業人士視察，卻未發現僭建物，自己確實「疏忽」。這些專業人士到底是誰？是虛構出來的吧？就算真的有專業人士看過梁家大宅，也只是就他購買大宅提出意見罷，不可能說屋宇構造沒有問題。更何況，屋內很多地方明顯是在梁振英入住後才被改造的，如四號屋庭園被加建玻璃棚蓋，五號屋車位被改成雜物室等。再如ＵＧＬ事件，梁振英未成為特首前，與ＵＧＬ簽署離職協議，由梁振英向戴德梁行和ＵＧＬ提供不涉及利益衝突的顧問工作。其實假如事前簽署了協議，收取金錢後便不用申報的話，那麼所有即將加入政府工作的人都預先簽署自保了，道理上實在說不通。如果曾蔭權都要被控公職人員行為失當罪，梁振英又豈可獲豁免？

自從梁振英成為香港特首後，人們對政改問題更加關切，而在這種對立氣氛下，北京要自保，所以人大八三一框架更加保守，結果發生了佔領中環和雨傘運動。我在《雨傘運動之香港大撕裂》中已經說過梁振英本來想血腥鎮壓示威人士，幸虧習近平喝停，才不致血流成河，但梁振英的意圖已永遠不能被原諒。

他高調在施政報告中談港獨，令原本沒有甚麼人重視的港獨燎原，勇武派越變越厲害，終於演變成農曆年旺角騷亂。港獨自決派和勇武派因此聲勢大振，派出代表參選立法會，其中梁頌恒和游蕙禎當選，因宣誓問題導致人大釋法，出現DQ情況，這些全是一脈相承。

港獨成為香港的大問題，梁振英絕對是源頭。他是有意為之，原因是他覺得假如不將港獨發酵的話，自己無法連任，這種用心隨著時間推移越來越明顯。他用的是《厚黑學》中提到的「補鍋法」：有一個人的鍋破了一個小洞，拿去給補鍋匠修補。補鍋匠趁客人不為意的時候，用鐵錘在鍋上輕輕敲了幾下，增大裂痕，然後指給客人看，說鍋的裂痕很長，要多補幾個釘子。於是，補鍋匠便可多收些錢。梁振英刻意激得多些人變成反對派，養寇自重，令北京以為需要一個像他這麼強硬的人穩住局面。這是他的罪過，也是他的陰謀。不過，習近平比他聰明，眼見香港在四年多前沒有那麼動盪和撕裂，到梁振英成為香港第一把手後，竟然將轄下地方弄得一團糟，當然要負責，所以不容許他連競逐連任。

第十一章

雨傘運動

第一章　非暴力公民抗命

回顧梁振英在任期間，香港社會發生了兩件重大的事件，一是雨傘運動，二是港獨思潮的興起，我將在兩章分開論述。此章先談雨傘運動。

二〇一三年一月十六日，戴耀廷在《信報》發表〈公民抗命的最大殺傷力武器〉一文，第一次提出「佔領中環」。最初，戴耀廷的主張沒有引起很大的迴響，然而梁振英施政錯誤連連，性格的陰暗面越來越難以掩飾，於是有人重提佔中的構思；加上《蘋果日報》和《明報》不斷作出相關報道，結果一石激起千層浪，越來越多人期待佔中。戴耀廷找來了支持佔中的陳健民和朱耀明，一起宣揚理念。大家稱呼他們為「佔中三子」。

佔中三子表明以和平非暴力方式進行公民抗命，佔領中環主要通道，目的是爭取在二〇一七年普選特首。換言之，佔中的目的是爭取真民主。

甚麼是「暴力」？「暴力」是有意識地去侵害他人身體或財產的行為（意外造成的傷亡不算）。故此，議員在立法會扔蕉、

撕文件或拍桌子等都不算是暴力。

有人在網上留言說不贊成非暴力公民抗命，更搬出孫中山先生若不是採用暴力，便無法推翻滿清作為例子，反面印證非暴力公民抗命達不到目的。

這種言論的水準實在太低劣，明顯仍然使用弱肉強食的眼光去看待現代社會。以前人類接受殘忍行為的程度遠比現在為高，例如十九世紀的太平天國之亂，死亡人數雖然不確，但最少達七千三百萬，這在現代來說，簡直是無法想像。現代國際社會已建立了一套共識，基本上，不會容許弱肉強食的事發生，強如俄羅斯總統普京（Vladimir Putin），揮軍侵佔克里米亞也遭各國領袖杯葛，可見使用暴力已行不通。若我們還想用暴力解決問題，一來與文明脫軌，二來大多會失敗，實屬不智。

何況，歷史定格在某一時刻，就有不同的環境條件，當時有效的方法未必在目前適用，反之亦然。劉邦不能問我們為何不「明修棧道，暗渡陳倉」，反過來說，我們不能問拿破崙（Napoéon Bonaparte）為何在滑鐵盧戰役時，不使用智能電話的衛星定位追蹤敵軍位置。世界正在以指數級的速度不斷改變，這些都是脫離歷史的蠢問題。同樣道理，以「歷史曾經成功」去作為行動的理由，無視今天真實的狀況，都引人發噱。

另外，自從「人本主義」興起後，經過不斷的發展，「人」的生命、身體、權利和私產越來越受重視，令人們對暴力遠較以前厭惡，也令暴力在現代社會越來越不適用。舉幾個例子印證我所言非虛：一、地雷曾經是一種廣泛使用的武器，但地雷埋在地下，很多平民誤入地雷區，導致傷殘或死亡。一九九七年，一百二十三個國家在加拿大渥太華簽署了《渥太華公約》（又名為《禁止殺傷人員地雷公約》），同意在有限期限內銷毀和清理地雷，並為地雷受害者提供護理和康復治療；二、《世界人權宣言》第五條和《公民及政治權利國際公約》第七條都規定不允許對任何人施行酷刑或殘忍、不人道或有辱人格的待遇或處罰；三、以前死刑是各國常見的刑罰，以英國為例，在十八世紀時曾經是一個濫施死刑的國家，若人們盜竊五先令以上的財物，便可能遭受死刑。後來英國逐步放寬導致死刑的罪行，在一九六四年執行最後一次死刑；截至二〇〇九年，世上已有三分之二的國家在法律上或事實上廢除了死刑；四、一八六一年，美國南方各州意圖獨立，於是退出美利堅合眾國，結果引發南北內戰。若今天美國南方各州要求獨立，政府不會再用戰爭解決，必須讓南方各州進行公投，就像蘇格蘭早前就是否獨立而進行公投一樣。

最後，平民和政府所擁有的武力差距越來越大，也令暴力抗爭變得不切實際。古時反抗者拿著竹竿、矛、刀劍和盾牌等簡單武器起義，統治者用差不多的武器來還擊，分別只不過是統治者擁有的武器可能更多，也更精良。然而，隨著科技越來越先進，統治者的軍隊漸漸擁有大殺傷力武器，例如機關槍、坦克車和原子彈等，反抗者憑甚麼武力去挑戰政府呢？再加上政府特務機關和情報組織等的配合，令反抗者想要偷偷製造或購買強力武器，接近不可能，相反政府能夠輕易調動軍隊或警察對付人民。因此，人們舉出歷史上誰人用暴力達到推翻政權的目的，用來證明香港應循此法爭取民主，實在太可笑了。

說回非暴力公民抗命，很多時候並不是一蹴而就。簡單來說，非暴力公民抗命可分為三個步驟。第一階段是幹一些特別的事出來，引起別人的注意，如在二〇一一年時，黃毓民在立法會第一次扔蕉，結果成功引起市民關注，迫使曾蔭權迅速撤回增加生果金的資產審查機制。像這樣在第一階段便成功最好，否則便要進入第二階段，即不遵從相關的法令，以表達不滿。舉例，一九三〇年，英國在印度頒布食鹽專營法，壟斷食鹽生產，任意抬高鹽稅和鹽價，於是甘地號召印度人民煮海水以取得食鹽，作為抵制食鹽專營法的手段，結果迫得英國殖民政府允許沿海人民煮鹽。若第二階段成功便罷，否則便進入第三階段，那便是干擾對方施政。以香港政改問題來說，由於沒有可以不遵守的法令，所以要做一些事出來去干擾政府的運作，以增加政府的管治成本。嚴格來說，這是一種磨損制度，即不斷磨損在上位者，令其管治越來越困難。只要有大量民眾團結一致，與政府比耐性，互相耗損，最終政府會在付不起龐大的管治成本之下稍作讓步。舉例，只要大部分香港人都罷工，或不交稅，政府便會癱瘓，這也是「無權力者的權力」的一種。

政府會在何時作出讓步呢？沒有特定的時間，也並非有甚麼戲劇性的原因，全因為鬥志消磨殆盡，覺得繼續與抗爭者相鬥太麻煩，不如「投降」而已。台灣的「萬年國會」便是如此。一九四八年，國民黨在大陸進行了國民大會代表、立法委員、監察委員的選舉。立法委員的任期為三年，國大代表、監察委員的任期為六年。次年，國民政府退守台灣，由於深信可以在幾年之內成功反攻大陸，因此立法院同意將這些代表和立委等的任期延長。自此，台灣的民意機關成了永遠不改選的所謂「萬年國會」，他們的任期可延續到反攻大陸成功、重新在全中國選出新的國大代表和立法委員的那天。到了一九九〇年，司法院要求這些國大代表和立法委員必須在次年年底全數退職。當時台灣對這群老代表的不滿已忍無可忍，民進黨稱呼他們為「老賊」；台灣大學生發動「野百合學運」，要求解散國民大會和修憲等。最後，在巨大的社會輿論壓力下，這群老代表通過了修憲案，自行退職，結束了長達四十四年的任期。由此可知，很多時非暴力公民抗命絕非一朝一夕便可以取得勝利的。

有時政府不是讓步，而是出現了一些突發性事件，引發民眾進行非暴力公民抗命，結果政府在短時間內迅速倒台。舉例，二〇一〇年底，一名年輕的突尼西亞小販因為被警察粗暴對待和羞辱，自焚身亡，不料竟激起全國發起「茉莉花革命」，要求政府改善經濟民生，結果迫使執政二十三年的獨裁總統本阿里(Zine al-Abidine Ben Ali)下台。其後，革命之火燎原，埃及出現大規模遊行，要求總統穆巴拉克(Muhammad Hushi Sayyid Mubarak)下台。在美國公開呼籲之下，穆巴拉克被迫辭職。利比亞民眾亦進行示威，誓要推翻獨裁總統卡達菲(Muammar Gaddafi)，最後也成功了。當然，突發性事件會觸動大規模示威，必須是人民對政府積累的不滿已久，一到臨界點便爆發出來。

第二章　齊撐傘

二〇一四年八月三十一日，人大通過香港普選框架，規定特首候選人須得到提名委員會半數以上的支持，候選人數局限二至三人，提委會的人數、構成及產生辦法按照選委會四大界別的組成方法。這即是甚麼意思呢？第一，提委會保持四大界別的人選，變成跟功能組別沒有差異，北京可完全操控超過百分之八十的選票。第二，作為提委會的委員，心目中一定會有一個理想的特首人選，所以從邏輯上來說，只有一位特首候選人才能得到半數以上提委會委員的支持，根本不可能有第二個，何況還有第三個？難道提委會委員心中同時有兩個或三個理想人選？因此如說有兩個或以上的特首候選人，必然是北京下旨提委會委員作出提名，全是陪跑人選。

人大落閘後，圖窮匕現，真心為香港前途著想的人徹底覺醒，與北京及親北京人士誓不兩立。佔中三子也覺得再無轉寰的餘地，預備二〇一四年十月一日正式佔中。

不過，學聯和學民思潮先後在九月下旬發動學界大罷課。到了九月二十六日晚上，雙學在「二〇一四年香港學界大罷課」集會結束後，有六至七名成員乘著傳媒在公民廣場與立法會之間的通道進行訪問、大閘稍稍打開之際，攻入廣場，然後黃之鋒在主台宣布有成員成功突圍，發動示威者一起重奪公民廣場。警員出動警棍和胡椒噴霧阻止，與示威者爆發衝突，最終示威者還是成功衝入廣場，其中黃之鋒及七十多人被捕。多名示威者徹夜在政總及立法會外留守，市民也趕往聲援。佔中三子在九月二十七日早上到場聲援學生，但仍堅持不會提早佔中。到了晚上，數萬人聚集，「佔領金鐘」，要求釋放學生。戴耀廷眼見群情洶湧，已不可收拾，終於在九月二十八日凌晨一時三十八分宣布佔中「開席」。

部分集會人士覺得自己趕來本是為了聲援學生，孰料戴耀廷突然宣布佔中，覺得戴耀廷騎劫了集會，感到不滿，決定離開。長毛當眾下跪，請求學生留下。我認為「騎劫」之説相當荒謬。若説「騎劫」，先想想到底騎劫了甚麼呢？如果説騎劫罷課行動，不能成立，因那時罷課已完結了；若説騎劫雙學，也不成立，因當時雙學號召學生和示威者佔領公民廣場的行動已經完成，而且已被警方清場。那時，群眾只是在金鐘集會而已。該集會未經申請，任何人都可以加入或離開。何況，在大方向上，戴耀廷（或和平佔中）與雙學始終保持一致。戴耀廷只不過在政總宣布啟動佔中，主要戰場根本不會在那兒。因此，怎能説戴耀廷騎劫呢？須知像佔中這類群眾運動要成功的話，一開始最少要有過萬計的人參加，才能對政府構成壓力。那一刻金鐘既有這麼多人聚集，一定要乘勢發動運動，才是正確之舉。

當戴耀廷宣布佔中十二小時後，政府封鎖政府總部外集會現場一帶，警告任何人強行進入當地都有機會被拘捕和檢控。政府打算藉此令佔中者「無中可佔」，迫使他們行動失敗。誰知數以萬計的示威者無法進入政府總部，於是湧往金鐘，聚集在金鐘添美道，再伸延至夏慤道、龍匯道、告士打道一帶，佔領了來往中區的咽喉要道。

警方本來想在人們霸佔馬路之初便去驅趕人群，但當時現場最少有三萬人，遠超警方事前估計，以警方預備的人手根本無法達到目的。警方多次使用胡椒噴霧對付示威者，但人們打開雨傘抵擋，沒有散開。到了下午五時五十八分，警方更開始投擲催淚彈。其實，早在佔中運動開始前，全國港澳研究會會長陳佐洱曾接受中國記協訪問，說中央對佔中運動的態度是「懷菩薩心腸，行霹靂手段」（據說是習近平親口所言），因此梁振英和時任警務處長曾偉雄明顯早已跟北京立下軍令狀，保證中環不會被阻塞，才使用催淚彈。當時防暴警察早已出動，手持配備 5.6MM子彈的 AR15長槍以及催淚槍。其後助理處長（行動）張德強說，警方在任何情況下使用武力，都是由現場指揮官作出判斷。其實現場指揮官決定使用哪種級數的武力之前，一定要事先獲得上級首肯，而以梁振英的為人，沒可能不在佔中發生前，就此問題問准中聯辦，中聯辦又不可能不問准中央港澳工作協調小組，而最後需要向之請示的人當然是習近平。北京絕不容許香港癱瘓，於是先向示威者使用催淚彈。本來政府預計示威者在催淚彈的威力之下，只有兩種反應，一是逃走，一是發生暴動（如放火燒車）。若是前者好辦，待示威過後，警方再拘捕非法集結的人便可以了；若是後者，警方便大條道理使用已準備好的 AR15長槍及橡膠子彈對付示威者。怎料香港人質素之高，遠超政府及北京想像，當示威者面對催淚彈時，或舉起雨傘盡量遮擋；或迫於無奈走避、散開，但之後又再集結；或舉起雙手，走向警方；或在警察面前下跪，完全沒有作出暴力抵抗。結果，警方雖然展示橙底黑字的「速離否則開槍」警告旗，但在沒有暴力反抗之下，不知道怎麼辦才好，進退維谷，要待北京向梁振英授意，才敢採取進一步的暴力清場行動。結果，明顯是習近平下令嚴禁殺人。他跟鄧小平不同，不是軍人出身，生於和平年代，重視人命，除了本著「菩薩心腸，霹靂手段」外，還說過「要保護好孩子們」；而且香港是國際觀瞻之所在，不能胡來，因此香港示威者才「逃過一劫」。警方唯有繼續發射催淚彈對付示威者。

此外，由於警方最終未能「成功」開槍，於是事後便說在九月二十八日出示的警告旗是「一旗兩面」，他們只向示威者展示正面的「警告催淚煙」，而非背面的「速離否則開槍」。後來，市民陳志斌在推特（twitter）表示，自己曾在防暴訓練中擔任持旗手，持旗手在暴亂現場要先由現場指揮官高聲發出命令、確保無誤後才能展示標語，而且副指揮官也需要用錄音機記錄指揮官當時所發出的一切口頭命令，例如使用催淚彈或開槍等。由此可見所謂「一旗兩面」，只是警方推卸責任的謊言。

香港人在電視畫面看到警察用催淚彈對付和平示

威者，激動無比，紛紛走上街支援。黃昏過後，示威者越來越多，人群伸延至中環遮打道和干諾道中一帶。當時政府深恐示威者進一步向中環方向擴散，有機會癱瘓交易所的運作，所以警方不斷發射催淚彈，另外大批防暴警察出示武器指嚇示威者，迫得示威者退至遮打花園。部分示威者亦改向灣仔方向前進，遭到警方阻截，並發射催淚彈，意圖驅散人群，但示威者在散開後再聚攏。

晚上七時半，高等法院批准黃之鋒人身保護令的申請。八時多，黃之鋒無條件獲警方釋放。與此同時，警方繼續在中環一帶發射催淚彈。不過，每當催淚彈的煙霧散去，示威者便再重新集結，霸佔主要幹道。那天示威者和警方便是這樣屢次來回，一攻一守，結果人群始終沒有散去。最後，警方總共發放了八十七枚催淚彈，驅趕示威者行動仍以失敗告終。

到了晚上大約十時半，學聯宣布有消息指警方已經開始使用橡膠子彈，呼籲示威者全面撤離，「保留實力，擇日再聚」。和平佔中亦作出同樣呼籲。然而，示威者不願撤離，更霸佔了銅鑼灣崇光百貨對出的軒尼詩道，以及旺角彌敦道滙豐銀行對出路面一帶。

佔領中環第一天，示威者取得全面勝利。另一方面，政府指示警察粗暴對待示威者，令香港統治者和支持佔中的市民徹底撕裂。

香港示威者在九月二十八日的和平抗爭方式受到全球讚賞，外國媒體紛紛報道，刊登了香港示威者如何手持雨傘抵抗催淚彈和胡椒噴霧的照片，稱之為「雨傘革命」（Umbrella Revolution）或「雨傘運動」（Umbrella Movement）。此外，和平佔中和雙學在金鐘添美道設置大台，加上示威者主要在金鐘聚集，令金鐘變成香港爭取真普選的重鎮。示威者其後亦佔領了旺角和銅鑼灣（示威者也曾一度佔領尖沙咀，但不成氣候）。示威活動遍地開花，「雨傘運動」取代了「佔領中環」，成為運動的代名詞。

另一方面，由於中環好像被佔領運動「邊緣化」，所以有人說佔中從來沒有發生。我完全不同意這種說法。九月二十八日凌晨，戴耀廷宣布正式佔中，第二天上街的人便是為了佔中，因此學運已變成全民運動。何況全港劃分為十八區，被示威者佔領的主要道路夏慤道屬於中西區，那怎會不是佔領中環呢？雖然佔領運動遍地開花，跟戴耀廷原先擬定的劇本不一樣，但不能因此說佔中沒有發生。

十月二日凌晨時分，雙學和示威者在特首辦外靜坐。學聯向梁振英發出最後通牒，要求他在十月二日晚下台，否則會圍堵政府部門。

當天我一直看新聞，對學聯的最後通牒憂心忡忡，在網上視像專欄《最新蕭析》呼籲人們千萬不要進攻特首辦。雖然示威者衝進特首辦，便標誌抗爭行動進一步升級，但特首辦內的機密文件太多，絕不能讓公眾看見；何況示威者一旦佔領特首辦，便變成暴徒，屆時香港警方絕對會果斷鎮壓，而示威者亦得不到世界輿論的同情。看看台灣太陽花學運，示威者佔領立法院議場尚可，但一進攻行政院大樓，即遭台警血腥清場，道理一樣。當天下午香港警方將大批物資運入特首辦內，更在裝載物資的桶上寫明是「橡膠子

彈」，故意讓人們看見，那便是預放風聲，讓人知道必要時會採取暴力手段。警方開槍的話，不特造成傷亡，而且政府必定宣布香港戒嚴，那麼便能大舉拘捕人，甚至可能實施二十三條，因此我很擔心。不要忘記香港還有駐港解放軍。這批軍人跟香港人關係十分疏離，不會為了香港人而分裂或叛變，會完全執行北京下達的指令，而且必要時兵力可源源不絕南下。如果北京下令鎮壓，他們會毫不手軟屠殺示威者。那天，示威者面臨大危機，亦是雨傘運動雙方最接近攤牌之時。結果，政府不敢賭下去，在晚上限期到臨前，港大校長馬斐森和中大校長沈祖堯突然一起到特首辦外探望示威者，加上梁振英指使林鄭月娥等官員短期內與學生會面，才使事件緩和，亦令我舒一口氣。

事後，我在網上節目說假如示威者要迫使政府讓步，那一刻是決定勝負的關鍵。到底敢不敢賭下去？終於在最後一刻，示威者沒有進攻特首辦，如此便未能對北京和梁振英構成壓力，要在政改上爭取任何修改已經變得不可能。打個比喻，這是膽小鬼遊戲，當兩輛車對碰前一刻，誰首先扭轉方向盤，誰便輸了。九月二十八日，示威者和政府第一次駕車對碰，結果政府率先扭轉方向盤（不敢開槍）；十月二日，示威者和政府同時扭轉方向盤，因大家自知無法承擔得起責任，不敢再賭下去。當然，我也是膽小鬼，不敢將香港的前途孤注一擲。假如香港是首都，我還有膽子放手一搏，但香港不是北京，中共可以不賣賬，何況這政權可以不惜犧牲任何人也要維穩？到了十月五日，示威者讓出一條約三米闊的通道讓公務員進入政總，更是進一步敗退了。

其實，當學聯決定不衝進特首辦那一刻，便應乘著示威者鬥志正盛，立即改變抗爭的方向，否則形勢一過，政府大可冷待運動，讓運動陷入僵局。可惜，學聯或學民思潮並沒有這樣做，之後雨傘運動便逐漸喪失動能，只能留守，無法再擴大或變化，而且民氣也隨著日子的過去而逐步消逝。這正犯了兵家大忌。須知攻城受挫以後，不敢再攻，便應撤退，待休養生息後捲土重來，絕不能駐兵堅城之下，消耗自身的力量，古往今來如此佈陣，沒有不輸的道理。

梁振英政府度過十月二日晚上的危機後，立即便反撲，結果證明又犯下另一個重大的錯誤。十月三日，大批疑似黑社會人士在旺角和銅鑼灣襲擊示威者，尤以旺角的情況最為激烈。當天因不是公眾假期，留守旺角的人士大幅減少，早上只有不足百人，先有數名男子走到佔領區拆路障、搬沙包，又不斷滋擾示威者，到了下午，數百名反佔中人士更從四面八方湧至，指罵和追打示威者，不少示威者被打到受傷流血。這時強弱懸殊，我在寫字樓看著電視畫面，擔心不已，立即在網上呼籲示威者要撤退，離開旺角，也希望所有人同時撤離，因為跟黑社會對峙太危險。在黑社會滋擾和動手時，有人看到警方袖手旁觀，沒有作出區隔行動，又等了好一會才拘捕滋事者，然後帶到人少的地方放走他們，讓他們回來繼續對付示威者。我沒有證據，不能斷言警方和黑社會勾結，但我相信黑社會突襲旺角和銅鑼灣，政府事前不可能不知情，而且因知道有些人擁有政治保護傘，不敢得罪他們，在執法那一刻有所傾斜。其實，原理上當天黑社會人士已成功驅趕示威者，不過，梁振英錯估香港人的勇氣和質素。香港人看到黑社會如何橫蠻，而警方竟然明顯偏袒他們，怒不可遏，痛心香港法治的核心價值被毀，於是在黃昏後紛紛湧至旺角，人數逾千，反包圍黑社會暴徒，凜然無懼。結果雙方聲勢逆轉，示威者成功迫走黑社會暴徒。這實是雨傘運動中波瀾壯闊的一幕。

同日晚上，新華社率先發布第二天《人民日報》刊登的評論員文章，將雨傘運動定性為「顏色革命」。

我嗅到北京鷹派主張鎮壓的味道，憂慮北京可能宣布香港戒嚴，然後在香港實施《國安法》，那麼便能拘捕大批示威者，不經香港司法程序便可審訊和定罪。因此，我一直密切留意《人民日報》和《環球時報》有關雨傘運動的評論。

不過，事情的發展峰迴路轉。《人民日報》連續八天發表關於雨傘運動的文章，論調漸漸降温，由痛斥顏色革命沒有出路、想通過香港進而在內地搞顏色革命是做白日夢，到後來變為批評佔中影響零售業。《環球時報》則指佔中毫無前途之類。至此，我在網上節目內已斷言中美已秘密溝通，而且達成協議。美國表明自己與雨傘運動沒有任何關係，美國官方也不會公開支持雨傘運動，條件是北京應允不會進行血腥鎮壓。至此，北京決定了雨傘運動的三不政策：不妥協，不流血，不換馬。

十月五日凌晨，學聯表示願意與政府重啟對話。然而，林鄭月娥知道十月二日的俄羅斯輪盤遊戲已經完結，政府已無必要跟學聯對話，所以找藉口推辭，又說佔領人數有所下降，示威者應察覺自己為社會帶來滋擾。十月十日，學聯呼籲市民到夏慤道集會，並帶同帳篷留守。自此，金鐘、旺角、銅鑼灣等街道出現一個個的帳篷，示威者甘願作長期抗爭。其實，早在雨傘運動開始了兩、三天時，我已買了近一百個帳篷捐給人民力量，讓人民力量拿去交給和平佔中，讓示威者隨便使用。帳篷的好處是可以讓人們休息，遮風擋雨，但帳篷亦可能是空城計，或是擠滿人，令對方難以估計。

第十一章：雨傘運動

第三章　大撕裂

從雨傘運動中，可清楚看見雙方陣營如何。大致上來說，示威者包括五類人。第一類是學生，平日學習通識科，關心時事，可是不懂中國歷史，沒有受大中華統一概念荼毒，所以義無反顧去爭取普世價值。當學生先鋒走出來後，形成了同儕壓力（Peer Pressure），於是有更多學生走出來。學生一旦參與了運動，便不會回頭，堅持到底，有些更幾乎每晚都在帳篷內留宿。

第二類是在社會相當不得志的人，年齡介乎二十至三十多歲，平時多是鍵盤戰士，躲在家，欠缺社交。他們覺得被剝削了向上爬的機會，變得憤世嫉俗。本土派和熱血公民便多是這類人。他們擁有的東西不多，作出抗爭的成本較少，縱然坐監也沒甚麼代價，所以基本上他們成為最大的流動戰鬥力量。這些人的想法直接而主觀，認為只要勇武，將行動升級，便能達到目的。他們怪責其他人不像他們般勇武，令他們力量不夠，未能

成功。

第三類是長年爭取民主的人，多是知識分子，如我和部分泛民主派人士都是此類。我們很清楚知道自己希望爭取民主，也明白自己的局限性，希望有技巧地用積極的方法為香港民主出一分力——主要是向別人灌輸有關民主的思想。

第四類是希望有民主、但一直都不願參與的人，這次他們看見警方執法偏頗、警察打人等，激於義憤，沒辦法不挺身而出。

第五類是天生、永恒的叛逆者，一直對權威和領袖不滿，自然也反對特區政府和北京。無論別人有甚麼主張，這類人必持相反意見。長毛便屬於此類。

至於反示威人士呢？大體上可分為四類。

第一類是建制派，以上了年紀的人為主。從演化心理學和博奕論來說，每個人都有自己生存的策略，其中有超過百分之二十的人的生存策略是永遠聽從領袖，如此便最穩妥，極討厭出來抗爭的人。他們就像黑猩猩群或狼狗群的團體，不會有自己的想法，永遠擁護領袖，服從領袖的指令，那麼犯錯的機會便最少。他們對領袖非常忠心，卻並非只忠於一個領袖，只要有新領袖上場，他們一樣服從，唯在新領袖未上場前，若有異己分子，必會為原先的領袖出力鎮壓。正如政府內的建制派，以前支持港英，現在支持北京，沒所謂，總之是建制便支持。

為何建制派內以上了年紀的人為主？人之所以愛冒險，因腦袋內會分泌多巴胺，然而人年紀越大，多巴胺的數量便會越來越少，於是便不想冒險。為何年紀輕時多巴胺分泌旺盛？人年輕時，身體條件好，適合去冒險，縱使受傷也較易復元。若成功打天下，之後便可享受人生。相反，人年紀大了，身體不及年輕之時，不值得再冒險，自然越來越保守。在雨傘運動中，年輕一輩贊成佔領為多，上年紀的人則反對為多，壁壘分明，便是明證。

第二類是意識形態極度傾向愛國的人，是強烈的民族主義分子。這又可分為兩種，一種長年以來學習中國傳統文化，熟悉中國歷史，所以有一套不可動搖的愛國思想，但凡中國揚威便好，只要與中國作對的都是敵人，如美帝永遠亡我之心不死。另一種曾在國內接受教育，覺得只要中國繁榮和穩定便好，秩序一亂便不好。這類人一生都沒有對這信念進行反思，態度隨著年紀增長而越趨堅決，愛國已成為他們良知的一部分。如梁振英便屬於此類，所以他屢屢將外國勢力掛在嘴邊。他覺得自己出頭為國家對付示威者，「揭露」他們與外國的關係，極有良知。雖然他會將子女送去外國讀書，以及在外國購買物業，然而這是沒有矛盾的。假如你問這類人：中國人應該愛國嗎？他們會回答：當然，然後痛罵不愛國的人。再問他們：你會否移民？他們也許不再回答你，因為其實暗中早已拿了外國護照。

第三類是既得利益者，深怕社會動盪會令他們的利益受損。那些反佔中富豪便屬於此類。此外，一些既得利益者也想乘機討好北京，得到升官晉爵的機會，或至少更方便在國內做生意，例如四洲集團老闆戴德豐、廣西社團總會會長鄧清河和福建社團聯會主席吳良好等。他們出資請人替北京辦事，為中聯辦解憂，中聯辦自己則不用花一毛錢。這類人跟第一類人不同，不是永久的建制派，而是為利益服務。如果以黑猩猩群結構來說，當領袖非常強大時，能夠分配水果給牠們吃，牠們便擁護領袖，但當領袖勢弱，牠們不會出力為領袖鏟除異己，而是靜待領袖被推翻，甚至助發動叛變者一臂之力，成功後便立即擁護第二個領袖，希望新領袖可以繼續分配水果。換言之，這類人是牆頭草，以利益為先，也非常理智，只看如何掌握權勢，跟第一類人不理性地真心擁護領袖不同。如由親英變親中的譚惠珠便是屬於這類。梁振英也可歸入此類。

第四類是野心分子，表面裝作服從領袖，但常常想在適當時候取代領袖，只看甚麼時候露出尾巴。他們野心勃勃，伺機而動。

此外，還有一些兩面不是人的投機分子，如黃毓民和黃洋達，根本沒有原則，只想如何撈取政治本錢。又有一些「有奶便是娘」的人，見錢眼開，有錢收便去辦事，不問對錯。另有一部分欠缺思想和原則的人，容易受別人的說話和行為影響，可藍可黃。

雨傘運動示威者和反示威者雙方的陣容便是如此。雨傘運動之所以導致香港社會完全撕裂，原因是運動牽涉到永遠在道德上有優勢的學生，以及民主和愛國的原則，雙方都認為這是最高層次的善與惡之戰、光明和黑暗的決鬥、天使與魔鬼之爭，不是對單一事件的看法這麼簡單。雙方都肯定自己站在善的一方，是天使。示威者抗議香港變成不公義的社會，沒有人權，漠視普世價值；中共言而無信，欺壓人民，貪污腐敗，劣幣驅逐良幣。反示威者認為自己才是真正愛國，為中國前途著想；對方是漢奸，受外國人主使和幫助，搗亂社會，破壞秩序，令人難以謀生。雙方都覺得自己全對，對方全錯。在敵我矛盾之下，彼此勢不兩立，因此整個香港社會嚴重撕裂。同一個家庭，同一所學校，同一間公司，同一群朋友，彼此之間的看法可以截然不同，若聊起雨傘運動，絕對可以因立場不同而反目。自從雨傘運動開始之後，香港人的分歧便像台灣的藍綠陣營般嚴重。

第四節　筵席散

面對雨傘運動，北京為何不願讓步呢？

威權政府一定要非常有面子，令人民害怕，才能穩固存在。一旦面子有損，威權自然被削弱，也就威脅到統治權。北京害怕香港人選出一個泛民主派的特首出來，將來在國際場合高舉民主旗幟，令她失掉顏面。又假如內地人學香港人般示威或作反，共產黨只得二百多萬解放軍，全國卻有十三億五千萬人，如何對付得了？由於面子問題，北京絕不容許香港實現真普選，必定要先經過篩選，選出一個完全順從自己旨意的行政長官才成。

但北京又不能眼睜睜看著香港鬧市的街道天天被示威者佔領，結果想出另一點子：禁制令。

十月二十日，中信大廈業主、潮聯公共小型巴士有限公司、香港計程車會和的士司機從業員總會的代表入稟高等法院申請禁制令。之後冠忠巴士集團連同公共巴士同業聯會及中港澳直通巴士聯會同樣作出申請。這當然是出於北京授意。北京認為香港人尊重法治精神，由法庭頒布禁制令，便處於理據和道德高地，在輿論上全勝。此外，當法庭頒布了禁制令後，由執達吏出面，請警方幫忙，如果有人抵抗便可將之拘捕。這些違反禁制令的被捕者藐視法庭，不用在警署作供，直接被送交到高等法院，站在法官面前接受審訊。法官問這些人是不是認罪？如果認罪的話，保證以後不再重犯便可獲釋放。如此一來，這些人多會認罪，以後也不敢再犯。假如有人不認罪，法官可判監，然後緩刑，下次那人再犯同一罪時，便可立即執行上次的刑罰，亦即坐監。可以說，北京這招數非常聰明，雖然也十分惡毒。

另一方面，在事先安排下，十月二十一日，學聯終於和政府對話。學聯眼見「公民提名、撤回人大八三一決定」根本不能有所進展，唯有轉向「重啟政改」的路線，認為北京大可在重啟政改時修訂部分內容，再次向港人諮詢。學聯這樣做，顧及了兩幫人的想法，一幫是中產偏溫和人士，「重啟政改」路線會令這一幫人認為合理，可以接受；另一幫則是前線最激進人士，認為必須換取政府實質讓步，否則絕不收手。學聯也在跟政府官員對話時暗示他們的立場不可退卻，長時間糾纏下去，學聯對群眾可能失控的結果只能徒呼奈何。當然，學聯不便明言自己不能提出撤退的原因，其實便是害怕失去最激進人士的支持。結果，林鄭月娥聲稱不可接受學聯的要求，只能提出兩點讓步，其一是向國務院港澳辦提交所謂「民情報告」，更新一下香港近況，指出抗爭亂局與港人不滿政改有關；其二是建立「多方平台」，進一步討論政改問題的細節，嘗試形成所謂共識。總之，兩邊的說法還是南轅北轍。

學聯與政府對話後，安排了廣場公投。公投議題包括民情報告具有「憲政性效力」，即是報告呈交人大後，人大確實會因此修改若干過往的「決定」；又例如「多方平台」並不只是討論二〇一七年後的政改發展，而是必須廢除二〇一六年立法會選舉的功能組別，以及二〇一七年特首選舉要有公民提名。學聯一來藉此探求政府的立場是否得到民心，二來希望前線的群眾願意在此基礎之下推進運動。真正的用意是學聯轉告北京：這是群眾要求人大修改「決定」，僅僅以學聯的名義同意或反對，已經沒有意義。其實學聯明知群眾一定會在公投中支持他們的要求，到時他們便可用公投結果跟政府說，如果政府做不到這兩點，學聯沒辦法帶領示威者撤退，就算學聯單方面答應政府撤退也沒有用。無奈這種做法引起示威者不滿，攻擊學聯立場有所動搖，以及問卷沒有認受性，更有人已懷疑學聯想撤退，迫使學聯收回問卷。雨傘運動參與者至此可說已完全分裂，往後再無團結一致的力量。

示威者不願意退場，簡單來說只有三個字：不服氣。群眾早就潛移默化地認為這場令全港甚至全球震動的公民抗命運動，起碼要有一丁點的成果才會甘心，才考慮是否退場。然而，殘酷的現實是北京已想好用拖延、消耗和法律（禁制令）三大策略去對付示威者，示威者已沒有討價還價的能力，所以無論是學聯與政府對話，還是公投，根本都是多餘。學聯打算上京會見國家領導人，面陳訴求，當然也是痴心妄想。至此，雨傘運動進退失據，你急北京不急，形勢上已輸了大半。

何況當時民意已轉向，由支持佔中者較多，變成反對佔中者人數佔優。事實上，由於雨傘運動造成交通與民生的不便，民意轉向實在難以避免。舉例，銅鑼灣怡和街成為佔領區，阻截了電車和巴士等的往來路線，令交通不便。何況，這類大型抗爭運動是靠群眾的熱情支持，而熱情本來就會隨著日子消逝，加上大家每天上班或上學都受到影響，甚至不上學、不上班，日常生活全亂了套，又怎能持久呢？

雨傘運動不單面對外患，也有內憂。每當運動出現任何變故，便會有一群人走出來，鼓動示威者反對學聯的領導，其中反對公投事件就是運動嚴重分裂的開始。事後我們知道這群人以熱血公民的成員為首——至少是深信《熱血時報》的言論的那群人，還有我稱呼為「青城派」（青山城邦派）的人。他們先是四處張貼大字報攻擊「左膠」，繼而宣揚運動「無大台、無組織、無領導」，只有群眾。在我眼中，諸如此類的言論相當可笑！須知在現實世界中，即使運動由人民自發組織，要成功推動，還是需要一個統一的組織去策劃。何況運動進退須步步為營，考慮不同的方向和策略，怎能沒有組織，有如田雞過河？若運動完全不受組織影響，只會「知進而不知退」、「知得而不知喪」，結果只會失控，根本不能爭取到任何成果。歷史上有甚麼大型抗爭運動在沒有統一的指揮之下可以成功呢？

黃洋達之流的惡行在十一月十九日達到極致。十一月十八日晚上，突然有人在高登群組散播謠言，指當天立法會會審議網絡二十三條，號召人們「阻礙立法會議員上班」。那群別有用心的分子便一呼百應，蒙面出動，部分網民也被煽動上街。別有用心的分子更在大約十二時許到達金鐘大台，準備叫人們加入衝擊。雙學不准他們借用金鐘大台這樣做，他們便說要拆掉大台。長毛當時在場，說他們不要糾察，是否自己來做糾察？如果他們不是糾察，他們又怎會有權拆掉人家的大台？長毛趕他們走，那群人才悻悻然離開。事實上那群別有用心的人每次都是如此，先走入群眾中心，然後用激烈的口號糾集和挾持群眾，煽動群眾向前衝；他們則在後排位置推群眾一把，永遠不當先鋒。到了凌晨一時多，那群人突然用暴力衝擊立法會，用鐵馬撞破大樓玻璃。試想一想，為何要在這種時間進攻？真想動員大舉攻擊的話，應該選擇較早的時間吧？如八時至十時，金鐘最多人聚集，他們沒理由不知道。又，為甚麼要撞破立法會大樓的玻璃？應該是為了進去吧？但那群人卻退到後方，煽動其他人進去，到底有何居心？最離奇的是警察很晚才趕到，令我很懷疑那群別有用心的人是無間道，暗中已被收買，特地通知警方晚些才來，好讓他們先離開，其他跟隨行動而不知就裏的人慘成代罪羔羊。像黃洋達這類居心叵測的人渣混入雨傘運動，令雨傘運動更進退失據。

到了十一月三十日，面對內外夾擊的雙學，又採用了新做法，以回應不同的人的期望——既然運動似乎走到盡頭，便放手一搏將行動升級，發動群眾包圍政府總部。結果，證明雨傘運動拖延數十天後，群眾抗爭的實力大減，參與升級的群眾大約只有四千人，情況亦符合之前的民意調查：當時贊成撤退的港人已升至接近百分之七十，反佔中人數比率由約百分之三十五升至超過百分之四十，支持佔中者只超過百分之三十。結果，強攻政總失敗，在一片黯淡的氣氛之下，雙學認為已對激進的支持者有所交代，由升級包圍演變至出現衝擊，還是得不到效果。在人們預期運動即將結束時，便由學民思潮發動幾位核心成員作無限期絕食，承擔責任之餘，也希望以誠意挽回群眾對他們的支持，同時顯示會與群眾留守到底的決心。

至此，佔中三子無法再堅忍下去，決定宣布提早去自首。佔中三子覺得運動涉及暴力衝突，已違背了他們「愛與和平」的初衷，本來佔領期間多次發生示威者與警方衝突的事件，佔中三子已極想去自首，但因運動尚未完結，若去自首，恐怕令群眾覺得自己被拋棄，予人出賣運動之感，所以進退維谷。直到雙學發動包圍政總失敗，佔中三子認為再不自首的話，無法劃分自己的責任，所以再無顧慮。

最終，法庭頒下禁制令，旺角、金鐘、銅鑼灣佔

領區先後被清場，為期七十九天的雨傘運動，正式結束。

第五節　待再聚

表面上，雨傘運動失敗了，但其實為我們帶來三大得益：

第一，北京在香港回歸之前信誓旦旦，白紙黑字，明言會讓香港實現真普選，最終違反承諾，背信棄義。香港人在困境中掙扎，以雞蛋撼高牆，獲得全世界重視普世價值的國家的支持和同情。全球關注香港的民主進展，英國國會外交事務委員會希望來港調查《中英聯合聲明》的實施情況；聯合國人權委員會呼籲保障香港有普選，包括保障選舉權和被選舉權。香港以後的民主路必不孤單。

第二，香港人素來謹小慎微，卻膽敢參與違法的公民抗命，為香港爭取民主積累了深厚的底氣。根據中文大學傳播與民意調查中心的調查和推算，共有一百二十萬人曾參與雨傘運動，跟以往激進民主派最多只能號召以百計或千計的人示威相比，不能不說是大躍進。何況，運動過程持續七十九天，時間這麼長，在香港人心中已留下永不磨滅的烙印。在街上睡過的朋友投入了無與倫比的心力，不會答應一切就此白費，誓不原諒當權者，就像我那一代人，但凡說起六四事件都義憤填膺。這群朋友一生都會矢志捍衛公民提名，是以後推動香港改革的核心力量。

第三，從北京對雨傘運動不同事件的反應，我們得知北京內心的真正想法。我敢說我或少數人以後可猜到北京對每件事的態度，讓香港人更易走每一步棋。

在歷史上，除非遇上經濟大衰退，否則任何抗爭都不會只是一次便能成功。甘地率領印度民眾抗爭了三十多年，失敗了無數次，最後英國政府知道再不讓印度獨立對自己沒有好處，終於「投降」。香港人一定要學習甘地的精神，保存士氣，不斷與北京糾纏，一日未成功爭取真普選都不要罷休。只要香港人不斷糾纏，令北京覺得很沒面子、香港人很麻煩，終有一天北京會醒悟到如接受香港人的請求，自己反可保存更多顏面，更會減省麻煩，那麼香港便會獲得真普選。

雨傘運動之後，香港再不一樣。不過，香港人一定要堅持下去。

第十二章

獨孤求立

第一節　港獨緣起

二〇一一年，陳雲所著的《香港城邦論》出版，掀起了「港獨」思潮。不過，陳雲並非是第一個提出香港實行城邦制的人。早在上世紀，有一位身為先施百貨公司少東、名叫馬文輝的人，非常關心香港的政治和公共事務，先在五十年代成立「聯合國香港協會」，認為港人應該建立一個屬於自己的自治政體；又在六十年代組成了「民主自治黨」，這是香港史上第一個以政治命名的合法社團，宗旨是促進香港實現自治政府，讓香港成為一個民主自治城邦。

馬文輝是香港城邦和獨立之父，不過走得太前，共鳴者稀，往後雖亦有人提出過香港獨立，但有如海邊一顆沙粒，飄浮無根，絲毫沒引起人的注意。雖然在那些年，幾乎所有香港人都害怕中共政權，但心中都藏有十分強烈的中華民族情緒，可見都是「大中華派」。我清楚記得大饑荒時期（1959－1961），大陸人漫山遍野逃到香港，香港人紛紛拿食物給他們吃。港英政府下令警察逮捕難民解回大陸，但香港人臥在車輛前，不讓離開。那時香港經濟尚未起飛，一般市民非常貧窮，但本著血濃於水之情，救助同胞難民之時毫不猶豫。二戰後，香港人口約六十萬，到了一九六九年，人口已急速增長至三百九十萬，其中不少人都是從內地來的。沒有人覺得有這麼多人從內地來有何不妥，只覺得大家都是中國人，一起生活很正常。甚至到了一九八二年，中英就香港前途問題展開談判期間，我到碧麗宮看電影《甘地傳》（Gandhi），很清楚記得其中一幕是這樣的：英國總督跟甘地說，如果由印度人管治印度，一定非常糟糕。甘地回答他說，就算是這樣，我也情願由印度人管治印度人！當時戲院內坐滿中國觀眾，無不為甘地的說話鼓掌，原因不問可知，是心有同然。由此可見香港人對中國文化和同胞的感情早已融入血液，所以一方面極其討厭中共政權，另一方面心繫神州大地，當中國在任何範疇如經濟、科技、文化、體育……取得國際性地位時，很多人便會感動莫名，由衷為北京喝采。

可是近十多年來，發生了一連串的事，為今年所見的「港獨」旗幟高揚埋下了土壤。

一、教育局在二〇〇〇年實行課程改革，中史不再獨立成科，於是學生對中國歷史的認識支離破碎，導致中華大一統的觀念蕩然無存。這還不夠，由二〇〇七年會考開始，中國語文科取消範文考核，進一步削弱學生的大中華思想和戀慕中國文化的情懷。我那一輩及下一代出生的人（約 1945–1970）在中學時代熟讀《出師表》、《始得西山宴遊記》、《我看大明湖》、《念奴嬌赤壁懷古》等優美文章，琅琅上口，自然對中華民族和文化產生感情，思想深受影響，所以最多反共不反華。八十、九十後不知漢唐盛世，難明傳統文人的情操，自然對中國的情感薄弱；

二、互聯網和智能電話應用程式發達，與時並進，日、韓、歐美劇集、綜藝節目、動漫和電玩遊戲源源不絕供應，種類繁多，充滿娛樂性，令年輕一輩沉迷其中。而我那一輩的人，看的是《三國演義》和金庸小說等充滿大中華思想和意識形態的名著，試問有多少個八十、九十後看過《三國演義》原著？於是連帶對華人身份的歸屬感也大大減低；

三、二〇〇三年，北京政府企圖在香港落實二十三條立法，加強對香港人自由和人權的干預，雖然最終因為港人的大規模反

對而暫時擱置，但已令港人反感，對「一國兩制」失去信心；

四、二〇〇二年底，「非典型肺炎」開始在廣東省流行，可是北京政府刻意隱瞞，導致疫情在香港迅速蔓延，二〇〇三年有二百九十九人因疫症而死亡，市民風聲鶴唳，不敢外出，市面一片蕭條，經濟下滑。香港人深深不滿內地隱瞞消息，輕視生命，令港人為此付出沉重代價。這有點像台灣「千島湖事件」（一九九四年，二十四名台灣旅客到浙江千島湖觀光時，被大陸人謀財害命，與六名中國船員和兩名導遊在船艙內一同被燒死，但當地政府企圖封鎖消息，更擅自處理屍體，掩飾真相），之後台灣人對內地極其不滿，又發覺台灣民眾的生命在內地根本毫無保障，所以贊成獨立的人數大增；

五、內地官場貪腐情況嚴重，草菅人命，例如「汶川大地震」揭露貪腐導致「豆腐渣工程」處處，大量樓宇徒有外表，內裏結構仿如豆腐渣，不堪一震，更慘的是建築物輕易倒塌，造成更多的人命傷亡；但政府並無徹底追究相關責任，令香港人對北京印象惡劣，更深恐這種貪腐文化侵蝕香港，破壞香港官員廉潔自守的優良制度；

六、北京違反承諾，背信棄義。《基本法》明言特區在二〇〇七年和二〇〇八年可以實施雙普選，但北京一再耍太極、搬龍門，終於在二〇一四年圖窮匕現，完全表露出她反悔的意圖。香港人遭受北京蒙騙二十多年（《基本法》在一九九〇年四月四日頒布），終於看清楚北京的真面目，對她徹底失望，完全不再信任；

七、在全球經濟一體化下，香港製造業土崩瓦解，以商業為主導。二〇〇八年全球金融風暴，為了刺激經濟，各國不斷採取量化寬鬆的策略，印鈔票絕不手軟，資產泡沫越滾越大，社會貧富兩極分化。根據聯合國人類住區規劃署發表的報告，當年香港堅尼系數高達零點五三，是全亞洲最高。大學畢業生工作十多年，薪酬加幅有限，看不到前途，苦思為何會這樣？結果得出兩個結論，一是沒普選之下官商勾結，窒礙年輕人向上游的機會，二是自從內地實施自由行後，不少來港旅遊的內地人購買豪宅、金飾和名牌服飾，令樓價大升，名牌商店遍地開花，趕絕小商戶，大公司商業霸權地位於是越加穩固，而自己只是區區一名低級打工仔，人微言輕，無力與大環境對抗，所以個人事業不成功不是能力問題，而是這些大環境因素所致。這樣一想，內心較舒服，但也容易產生仇恨及排斥情緒。何況，以往內地人非常貧窮，香港人相對來説是富有，現在形勢逆轉，卻好像無力招架，也令部分香港人心理上難以接受；

八、自由行遊客除了購買力強，令零售業轉型，迫使茶餐廳、生活百貨店、文具店等便利民生的小商戶遷走外，也在另外兩方面令香港人產生反感。其一當然是有內地人乘著自由行之便，在元朗、上水等地走水貨，阻礙行人通道，弄污公眾地方，嚴重干擾居民的日常生活；其二是生活習慣和文化程度不同，如在公眾地方大小二便、打尖、喧嘩、動作粗魯、在鐵路車廂飲食等，破壞香港的公共秩序和衛生文化，引起港人鄙視和厭惡。尤其這些中港兩地人的差異都是明顯具體、在在可見的公眾行為，令港人對內地人更為仇視，覺得他們是有計劃、有組織地奪取香港人的資源，以及在香港傳播大陸的惡劣低級文化。

陳雲論述香港城邦特色後，經過四、五年時間發酵，部分港人終於認定香港徹底脱離北京是唯一的出路。二〇一六年立法會選舉，本土自決派共取得四十萬張選票，得票率佔整體投票率百分之十九。無可否認，「港獨思維」經已成為風尚。

第二節 民族主義．國家主義

一個地方要獨立、邁向建國之路，當然離不開民族主義。振臂疾呼「港獨」的人，正正企圖製造一種民族主義。

甚麼是「民族主義」？一般意見認為民族主義是十七世紀首先在歐洲興起，源於人民對國家的認同，也就是一些人口中的「愛國」。因此，可以簡單理解民族主義建基於國家主義或愛國主義。

那麼國家主義的根源是甚麼？首先要說說關於一些關於黑猩猩的資料。有一位專門研究黑猩猩的英國女學者，叫 Jane Goodall，是我很崇拜的人。她發現黑猩猩會組成群體，巡邏居住或活動地方的邊境，當發現其他黑猩猩群體「入侵」地盤時，便會和入侵者打鬥，甚至不惜殺害同類。假如入侵者包括雌性黑猩猩，守衛的猩猩在殺掉雄性入侵者後，便將雌性據為己有。另外，黑猩猩會一起去打獵，狩獵殺害對象包括同類，成功後便分食其肉。其實肉食佔黑猩猩食物中成分很少，每天不超過三十克。由黑猩猩的行為，可以思考兩個問題：為甚麼黑猩猩會與同類互相打鬥、殘殺？黑猩猩對肉食的需求不大，為何又要花這麼多功夫去打獵呢？既然人類與黑猩猩擁有共同祖先，黑猩猩的行為和思想可用來套用在人類身上。

遠古時代，人類在不同的地方聚居，形式一個又一個的原始部落。在一些有語言而無文字的原始部落中，只有部落同類才能稱呼為「人」，部落以外的都不是人，一旦與之發生衝突，可隨意打死。另外，部落內有男有女，男性的雄性荷爾蒙和睾丸酮令男性極富精力和侵略性，如果不在部落以外製造一些假想敵，讓他們發洩精力和情緒，終會令他們忍無可忍，在部落裏互相殘殺，令部落解體。這正與黑猩猩守衛自身群體、攻擊外來同類、外出狩獵的行為一致。

事實上，在原始社會，任何部落內部都需要強大的凝聚力，團結一致，互相幫忙、合作，才能好好生存，假如每人只顧自己，在嚴苛的生存條件下，只會死亡，最後整個部落滅絕。為了提高生存機率，當然要把部落以外者全視為毒辣險惡，是對自己部落的莫大威脅，好讓部落內部團結對付。

但最初一群人如何形成部落、凝聚起來呢？便是這群人原先有共同經歷，例如小時候曾經一起經歷天災或逃難，倖存下來，以後彼此便會當作自己人。之後互相倚靠生存，對抗外敵，共同經歷越來越多，凝聚力越來越深厚。隨著時間過去，部落越來越大，思想和技藝越來越進步，一起從事生產活動之時，例如種植穀物、畜養動物、製造器具等等，漸漸出現了經濟分工。當經濟分工發展到一個地步時，基本生存條件能夠滿足，部落內的人不再是飢飽無時、朝不保夕，那麼如何維繫內部的團結？那便要虛構一些事物出來，即想像中之共同體，讓部落內的人向它效忠。

最常見的想像中共同體當然是神話。舉例，滿族始祖乃天女佛庫倫沐浴時吞了紅果，受孕而生，與其他民族不同；猶太人認為自己是「上帝的選民」（the Chosen People），即上帝萬中挑一的特選民族。

除了神話之外，製造一些具象徵性的人或事物也是常見的手段，例如黃帝的有熊氏部落圖騰是蛇。黃帝四處征戰，每戰勝一個部落，便擷取該部落圖騰的一部分，最後形式了外形威武、具有靈性的龍圖騰。

想像中之共同體和圖騰具備神奇、勇敢、莊嚴等等偉大特性，令部落引以為傲，更加團結一致。另一方面，各部落取得不同程度的進步，為了使自己更壯大，開始出現部落與部落之間的聯盟。再演變下去，由於有規模較大的天災與外患，為了自保，部落聯盟推舉盟主領導，給予更大權力，於是漸漸形式原始國家。

時間推移令原始國家的人口越來越多，地域越來越大，逐漸成為民族共同體。在代代傳承的洪流中，民族共同體當然遇到很多挫折和困難，為了令人們團結，少不得反覆強調祖先們如何堅毅不屈去克服困境，如何偉大，令人們熱血沸騰，如此便漸漸形成國家主義。以中華民族為例，構造向心力的模式是這樣的：首先，教育國民説中國擁有五千年文明，是四大文明古國之中碩果僅存的，歷史悠久而輝煌。人們愛好和平，深受禮教熏陶，是一個非常優秀的民族；然後，剪裁歷史，將中華民族正義化，外族妖魔化，痛心敘述中華民族如何被外族攻打和迫害，迫不得已之下，作出反抗，可是卻因種種原因而戰敗，尤其清朝時期飽受列強欺凌，苦苦支撐，才不致於亡國；最後，強調中華民族怎樣偉大，憑著優良的民族性，一定可以重振國家聲威。藉著這些教育內容，中華民族兒女深以自己體內流淌的血液為榮，緊緊擁抱國家。

民國軍閥吳佩孚所創作的《滿洲紅．登蓬萊閣——北洋軍第三師軍歌》歌詞，完全可以表現這種民族情懷。歌詞如下：

北望滿洲，渤海中風浪大作！
想當年，吉江遼沈，人民安樂。
長白山前設藩籬，黑龍江畔列城郭，到而今倭寇任縱橫，風雲惡。
甲午役，土地削；甲辰役，主權弱。
江山如故，夷族錯落。
何日奉命提鋭旅，一戰恢復舊山河，
卻歸來，永作蓬山遊，念彌陀。

不過，國家主義形成了，同族人卻發生戰爭，這又怎麼解釋才好？如清朝滅亡後，先後發生了第一次和第二次世界大戰，列強先後向中國歸還各地租界和租借地，國民政府卻和中共打起上來，最後由中共取得勝利，建立政權。同族相殘，怎樣令人民服從，繼續愛護國家？

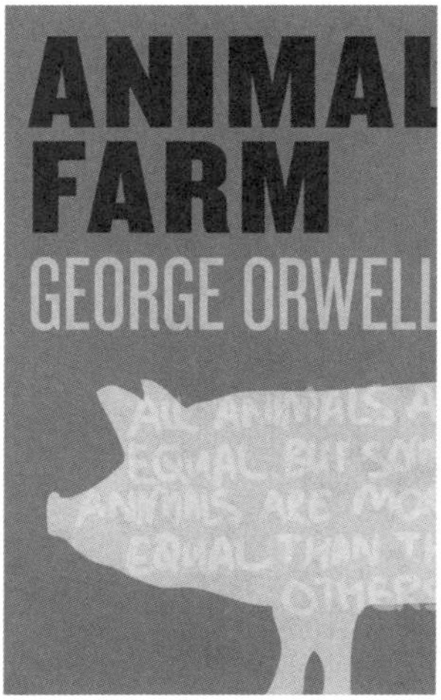

《動物莊園》

《動物莊園》作者：George Orwell

在著名的政治寓言小說《動物莊園》（Animal Farm）中，農場主人本是牲畜的剝削者，後來由豬領導革命，趕走農場主人，變成由牲畜當家作主。不過，豬成為話事人後，平等制度逐漸變質，豬一樣欺負和剝削其他牲畜。牲畜們想反抗，豬便威嚇說，人類常常想重掌莊園的領導權，如果不聽從豬的話，人類便會反攻回來。豬便是透過製造一種想像中的恐懼，嚇得其他牲畜不敢違抗命令。中共掌控大陸政權後，也是威嚇人民，問怕不怕腐敗的國民政府反攻大陸，屆時烽煙再起，民不聊生？到了現在，則向人民灌輸美帝亡我之心不死、日本人覬覦中國豐厚的資源，讓人民愛國情緒高漲，誓要擁護國家政權，保衛江山。這種方式和《動物莊園》裏豬的手段如出一轍。

第三節　民族主義風潮

民族主義的根源是國家主義，但兩者不盡相同。國家主義以國家為單位，國家或許由不同的民族組成，語言也可以多樣化；民族主義則以民族為單位，國家主要由同種族的人組成，享有相同或接近的語言、宗教和價值觀。因此，當一個國家奉行民族主義，其人民的向心力極強，每當有戰爭，人人拼命，國家的戰鬥力自然提升。又，從經濟學角度來說，管治民族主義國家的交易成本比較低。

世上第一個奉行民族主義的國家是葡萄牙，然後是西班牙（十五世紀中後葉，阿拉貢及卡斯提拉兩大天主教王國的國王和女王聯姻，攜手趕走回教徒，結束西班牙長達七百多年的回教統治。兩大王國基於西班牙語和天主教，塑造了西班牙民族），再有荷蘭和英國。結果英國稱霸世界，成為日不落帝國。法國大革命之後，法國變成民族主義國家，強制推行法語，使法國成為只有一種語言的國家。接著拿破崙竟然在一系列的戰爭中獲勝，幾乎掌控了全西歐版圖。因此，民族主義成為團結國民利器，所有歐洲國家向民族主義靠攏，才有意大利和德國的統一。及後工業革命誕生，歐洲國家國力迅速提升，向外侵略。其他國家苦思為何歐洲國家變得那麼強大？終於發現關鍵在於奉行民族主義，自此全部踏上民族主義之路。

中國便是其中一個轉行民族主義的國家。「中國」一詞，起始指河南洛陽一帶，後來演變為黃河中下游的中原地區，所以「中國」原本是指地域，不是國家名稱，又有「華夏」、「中原」和「九州」等別稱。漢唐以後，總之中原政權直接統治的地區便是「中國」，其餘臣屬或藩屬之地便是四夷。一六八九年清廷與俄國簽訂《尼布楚條約》，第一次將「中國」作為國名使用。一九一二年中華民國成立，以「中國」

作為國號，從此「中國」正式成為國家名稱。

古代中國奉行泛文化主義，即是假如相信儒家文化、中原文化，不管是甚麼民族、操甚麼語言，都是中國人，否則便是夷狄。清中葉後，清廷與列強交鋒，屢戰屢敗，便以歐洲諸國得以強盛的原因為借鏡，轉為塑造民族主義。清末，孫中山鼓吹革命，原本號召「驅除韃虜，恢復中華」，由漢族推翻滿清，到一九二四年發表「三民主義」談救國時，滿清早已滅亡，「驅除韃虜」亦摒棄不談，變成漢、滿、蒙、回、藏「五族共和」。孫中山就是藉著漢族佔中國絕大多數人口之優勢，把五族和少數民族組成的中華民族扭曲成為單一民族，去發動民族主義，也不問問漢以外的民族是否想共和。因此，中國的民族主義其實是「大中華民族主義」或「大漢族民族主義」。假如有人振振有詞問你是否中國人？你是否擁護中國？那人便是自揭根本不懂中國近代史的底細。

孫中山死後，蔣介石逐步掌控國民政府軍政大權，但「搞民主無量度，搞獨裁無膽識」，只是玩弄法西斯主義，尤其在抗戰期間大力提倡「國家至上，民族至上」，高舉民族主義。經過清末到民國時期數十年所推動，「大中華民族主義」已成形，但比起數千年來深植中國人骨髓的家族主義，民族主義的重要性始終在其後。試問問那時的中國人：假如家傳之寶和國家文物被破壞了，哪樣更令人氣憤？當然是前者！地域觀念也是深烙於中國人腦海。柏楊説過，八年抗戰時流落四川，當地人對非四川人一律稱為「下江人」。下江人者，長江下游地區的人之謂也。在四川人眼中，下江人是「不可靠，不老實，狡猾欺騙，楞頭楞腦，滿懷詭詐」的。四川人賣東西給下江人時，必定抬高價錢；與下江人打架時，則一湧而上，把人打個頭破血流。抗戰勝利後他到東北，變成「關裏人」，即山海關以內的人，除了有挨打的危險，更可能會被毀屍滅跡。真是民族主義的革命尚未成功，同志仍需努力，不過國民政府宣揚民族主義的同時，已崛起的中共則視乎政治形勢和需要，在不同時候使用民族主義或國際主義。要蘇共幫助時便行國際主義，要團結人民時便行民族主義。故此，在一九四九年九月二十一日召開的中國人民政治協商會議第一屆全體會議上，毛澤東說：「中國人從此站立起來了」；在一九四九年十月一日中華人民共和國開國大典上，毛澤東大呼：「同胞們！中華人民共和國中央人民政府已於本日成立了！」不管是漢滿蒙回藏或其他少數民族，總之一律是「中國人」和「同胞」了。及後，中共最想行的是國際主義，國際主義失效後，還是要向國民灌輸民族主義。日子有功，中國人的民族主義才強大起來。自從改革開放以來，中共一直以煽動中國民族主義為主。

雖然民族主義興起，但其實每個人一生下來，便是以自己為中心，再在成長過程中擴展至有不同的圈子，例如我來自蕭氏家族，是河南人，現居灣仔，紮根香港，香港是廣東一部分，廣東又是中國的一部分，這樣計算下來，我便屬於蕭氏家族圈、河南圈、灣仔圈、香港圈、廣東圈和中國圈，亦即家族圈、地域圈和國家圈並行不悖。每一個圈子都有不同的意義，那麼到底哪個圈子最重要呢？很多中國人都視中國圈為最重要，即劃一條線，將民族主義凌駕其他的人和事物之上。其實，這要視乎民族主義到底強到哪個地步。歐洲也是在三十年戰爭（1618 –1648）之後，簽署了《西發利亞和約》（The Peace Treaty of Westphalia），定了多國如荷蘭和瑞士的獨立國家地位，以及神聖羅馬皇帝以下諸侯國的主權，各獨立國和主權國才擁有統治權力、武力和法律權力等，此後國家觀念才出現凌駕性，才衍生了強而有力的民族主義。因此，到底一個人以哪個圈最重要，在不同時代都有異，今日以為天經地義的事，自古以來未必是天經地義。以現今來說，民族主義已成為中國人良知的一部分。如果有一天台灣宣布獨立，問中國人覺得應否攻打台灣？肯定絕大部分答案都說要打！假如美國幫助台灣戰鬥，問中國人應否反美？絕大部分中國人都會支持反美。不過，中國人的嘴和行動可以不同步，即口中大呼反美，但購買美國貨品、和美國人結婚、拿永久居留證綠卡同時進行不誤。等於有些人認為孝順天經地義，滿口「百行孝為先」，但行動上卻置年邁雙親於不顧，甚至打父母。

第四節 神話不可信

五千年文明、遼闊領土、戰爭屈辱和外敵覬覦，都是打造中國民族主義神話不可或缺的元素，讓我逐一揭破其面紗。

五千年文明！當然悠長偉大得沒有誰可以匹敵！其實中國信史始於商朝，有甲骨文和鐘鼎文佐證，夏朝歷史只是傳説，直到現在還沒有任何確鑿證據出土，更不要説夏以前的朝代了，所以嚴格來説，中國擁有三千六百年文明，當然也是源遠流長，不過未夠五千年那樣令人驚歎。

中國是世上領土面積排名第三的國家，超過九百萬平方公里，廣袤得令國人自豪。其實追溯至明朝時，國土面積只有約三百六十萬平方公里，蒙古和新疆等地從來不在領土之列。到了清兵入關，先帶來滿洲人根據地東北的領土，後有康熙帝親征，統一新疆，再有雍正帝把西藏納入統治版圖裏，另外加上蒙古和台灣等地，清朝版圖最大時，國土面積超過一千三百萬平方公里。因此，當今中國大部分國土都是清朝時打回來的。不要忘記滿清是少數民族，那時漢人被其統治深深不忿，老想反清復明，連孫中山動員起義初期也要驅除這些韃虜，這樣算起來，用中國廣大領域來撼動人心，實在非常矛盾，難怪後來不得不改為提倡「五族共和」。

清中葉後清兵與列強交手，幾乎每戰必敗，喪權辱國，令中國人痛苦無比。戰敗固然不好受，但平心而論，清廷也是自作孽。先説在第二次鴉片戰爭（1856–1860）中，英法聯軍為何火燒圓明園？原因是報復和懲罰。戰爭開始後，清兵不夠打，眼見英法聯軍攻進天津城，慌忙派代表議和。英法聯軍一行三十九人代表要到北京見咸豐帝，親遞國書，清大將僧格林沁以英法聯軍不願向皇帝行跪拜禮、沒有禮貌為由，將三十九人全部拘留了，分別關押在刑部大牢和圓明園。僧格林沁恨這些洋人已久，這時還不發洩？他罵個不亦樂乎，而且每罵一句，還有侍衛親兵大力敲打一次英方代表巴夏禮的腦袋，非常配合。當時僧格林沁覺得侮辱洋人是出了氣，非常暢快，但英法聯軍則視為奇恥大辱，一面要清廷放人，一面進攻，先在通州張家灣大敗清兵，幾天後在八里橋再戰，將僧格林沁的騎兵隊殺得慘敗，嚇得咸豐皇帝逃到熱河避難。英法聯軍攻進北京後，成功迫使清政府釋放俘虜，卻發現原本三十九人去，只有十九人回，因為有二十人被折磨死了。怎樣死的呢？一眾代表被清軍押解時，遭用水泡過的皮繩捆住了雙手，從沒解開，但這種皮繩逐漸變乾，於是越勒越緊，幾天後捆綁處便開始腐爛生蛆。到咸豐皇帝倉皇出逃後，沒人接到指令如何對待他們，於是這三十九人雙手生蛆之餘，還要沒飯吃，有人餓死，有人看著蛆蟲滿身爬，嚇得精神錯亂而死……英法大怒，不過本來法國不想節外生枝，只想盡快與清廷簽署和約，取得利益便算，但英國以使臣被關在圓明園為由，堅持要將這座萬園之園燒了，作為對咸豐皇帝的懲罰，所以才發生火燒圓明園的悲慘歷史。

至於八國聯軍攻陷北京又如何呢？肇因者其實是高唱「扶清滅洋」的義和拳。慈禧太后雖不信他們刀槍不入，但認為可倚重人民的士氣，正所謂「雖三尺童子，亦執干戈而為社稷。」若有幾百萬人連同起來，應可借助民間勢力令洋人有所忌憚，不再動輒強迫清皇朝割讓土地，故此她對拳民縱容。結果拳民入京，不只殺洋人，總之凡是信奉洋教、身上佩有洋物的中國人都殺，又焚燒教民房產（如大柵欄德記洋貨鋪與屈臣氏洋藥店）和電線、炸鐵路，只要看誰不順眼，便指他與外國勾結，任意殺害，連嬰兒也不放過，並衝入那人家中洗劫一空，總之弄得北京城秩序大亂，連日本使館書記杉山彬、德國公使克林德都先後被殺。及後慈禧更主動向各國宣戰——既然人家已經宣戰了，各國除非徹底放棄在華利益，退出清領土，否則哪能不應戰？於是組成八國聯軍，殺得清軍和義和團節節敗退，直搗北京，嚇得慈禧落荒而逃，跑到西安避難。可見根本是慈禧自招禍患，是清朝又一次喪權辱國的罪魁禍首。

當然，可以說戰敗就是令國家蒙羞，使國民感到屈辱，不過，其實二十一世紀前，全世界經常發生戰爭，國與國之間互有勝敗。拿破崙曾經率領軍隊攻佔奧地利首都維也納；巴黎也試過被反法聯軍攻陷；在普法之戰（一八七〇至一八七一，「普」即普魯士，即後來的德國）中，德國打敗法國，德國更在巴黎凡爾賽宮內慶祝德意志帝國誕生；德國在第一次世界大戰投降，因為要作出賠償，喪失了百分之十三點五的土地和所有殖民地；然後在第二次世界大戰投降後，被迫分裂領土，變成東德和西德兩國……基本上沒有一個國家在戰場上是長勝將軍，在此點上來說，中國並不孤單。

外敵亡我之心令中國人憤慨不平，老實說這是誅心之論，如果列強在清時期要瓜分中國，有何難度？清政府有何抵抗之力？事實證明列強只是想攫取利益，根本不想瓜分中國。第一次世界大戰後，鑑於管治殖民地的成本越來越高，帝國主義開始衰落。從一九一九年開始，在國民政府的行動和要求下，列強半迫半就地陸續歸還租界和租借地，以及逐步終結了在中國的治外法權，後來因在國民政府單方面行動下（如國民政府自行公布《撤廢領事裁判權特令》，決定從一九三〇年一月一日起，廢除列強在華司法特權），只有日本學了舊式帝國主義，變成奉行軍國主義，是唯一一個真正侵略過中國的近代國家。中國展開漫長的八年抗戰，在美國插手之下，最終成為戰勝國。美國支持蔣介石，希望蔣介石實行民主改革，讓中國成為一個沒有內戰的國家。國共雙方經過談判後，簽署了《雙十協定》，然而雙方很快就發生軍事衝突，所以美國派馬歇爾到中國，希望調停雙方糾紛，最終失敗。美國對國民政府實施軍火禁運，打算藉著國軍的軍火無法得到補充，迫使蔣介石接受美國的調停方案。假如美國想控制中國，取得中國領土，在蔣介石執政時老早便做了。從來美國不想干預中國，更加不想中國滅亡，故此說外國——尤其是美帝——亡我之心不死，實在非常好笑，完全是中國人自己編造出來的。

現在所謂「港獨」，其實好像中國民族主義神話一樣，正在製造第二套香港民族主義神話出來。先是有「港獨主義」，然後構築神話，好讓「港獨主義」傳播。

《香港城邦論》

最初「港獨主義」出現時，並不是叫「港獨」，而是叫「本土」。甚麼是「本土」？簡單來說，便是一切以本地人民利益為先。

掀起香港本土意識及「港獨」思維的人當然是陳雲。陳雲在《香港城邦論》中認為香港既非一個城市，也非國家，而是類似傳統的歐洲城邦，擁有自給自足、重視合約精神、具有法治觀念等文化特性，地位獨特。陳雲指出香港繼承了華夏文明的道統，又接受了西方文化和觀念的熏陶，例如宗教寬容、尊重法治和合約精神等，故此香港應享有某種程度的自治、或完全自治，甚至半獨立或建國。

黃毓民是最早將「本土」意識放在政綱內的政治人物，我相信他的政治觸覺主要來自台灣，而民進黨以提倡本省意識起家，他以民進黨的成功作為借鏡，在香港倡議「本土」。雖然我和他已恩斷義絕（詳見拙作《雨傘運動之香港大撕裂》），但他對政治的敏鋭度的確令我佩服。

其實，在一個奉行民主制度的國家或地方，我很難想像其政府或立法機關不是將本地人民利益置於首位，否則參選勝算甚微，所以在民主國家或地區，「本土」是一個偽議題。

我也多番說過反對陳雲的理論。

首先，陳雲的說法常常搖擺不定，到底他主張香港應是城邦、邦聯、聯邦或獨立國家呢？令人摸不著頭腦。

其次，何謂「城邦」？「城邦」是古代的城市國家，大多以一個城市或城堡作為核心，包括周遭的村落，形成一個小國。回顧歷史，為何會有城邦的出現呢？遠古時代，各地有不同的人聚居，漸漸建立了一個個的小村落或小城市，為了保衛自己，再演變成有軍事裝備的小國。當時交通極不方便，這些小國各自為政，便在某程度上變成了城邦。隨著時代發展，交通連接起來，不同的城邦建立了聯盟，或互相合併，或互相吞併，城邦便會越變越少。以遠古中國來說，黃帝和堯舜時號稱「萬國」，到商湯時變為三千餘國，周武王伐紂時諸侯八百，到春秋初年，大小諸侯國見諸經傳的有一百七十餘個，戰國餘下七雄，便是一例。再如古代的希臘也產生過大量的城邦。到了中古時代，歐洲有些城邦的商業發達，城邦的領袖便向封建領主購買自治權（如擁有軍隊和外交），總之只要向封建領主繳稅便可，不用交代城邦的事務。意大利的羅馬、威尼斯、佛羅倫斯、帕爾馬都是著名的例子。由十八世紀開始，世界已演變成一個個的民族國家（National State）。用歐洲中古時代的城邦和香港進行類比，進行復古，根本多餘。

第三，這種香港本土思想實際的表現，更像是一種排外主義，更準確一點應說是「排大陸主義」，集體排斥大陸來的水貨客、旅客和移民。只要有人說普通話、寫簡體字、同意學校進行國情教育等，奉行香港本土思想者便會警惕起來，本能反應地對這些人予以敵視，甚至仇視。現在這種香港本土思想最容易導致的後果便是煽動民族仇恨。這是違反了聯合國《世界人權宣言》、漠視普世價值、十分野蠻的行為，我個人完全不能接受。

健康的「本土主義」應該單純是維護本土的利益。當本土利益受侵害的時候，可以用行政措施去解決，而不是將整個族群當作敵人看待，甚至不把對方當做人，連普世價值也丟開。

多年來我已說了無數遍維護本土利益的方法。舉例，假如奶粉水貨客太多，可以徵收陸路入境稅；或者任何人帶奶粉離境，都要把奶粉罐蓋掀開，撕毀密封奶粉罐的錫紙，如此那罐奶粉便無法轉售，奶粉水貨客無利可圖，自會絕跡，實不必像現在般實施「奶粉限購令」，破壞香港自由市場的原則。又如有人在街上便溺，只要警察親眼目睹，或有人報警，便將涉案人士拘捕、扣留和調查，一旦證據確鑿，便作出控告，不准離境。只要嚴厲執行這些步驟，怎會還有人犯法？

不過要保持客觀、理性的態度認清事實談何容易？很多香港人對此聽不入耳，卻迷惑於港獨神話的如下情節：

在英國統治之下，香港是非常好的地方，誰知泛民主派中有些人是港奸，出賣香港，不但在中共政府提出收回香港時沒有反對，甚至贊成香港回歸，這批民主回歸派人士最終將香港推入中共的魔掌。然後，中共政府刻意用每天一百五十個單程證名額殖民香港，「溝淡」香港人種，並安排自由行等搶去香港人資源，破壞香港文明，長此下去，香港人將會逐漸被迫變成少數民族。由於香港人是華夏的遺裔，又曾受英國管治，相比不是人、而是蝗蟲的內地人，香港人水平遠為優秀，所以香港要獨立，建立一個香港民族。

港獨神話迷惑了不少香港人，加上北京破壞一國兩制、背棄承諾等，以及兩地文化的衝突，香港人對內地人積累諸多不滿，痛心香港的核心價值受損，自身利益受到侵害，因此興起排外本土主義，亦即放棄了大中華，將香港圈置於其他圈子、甚至中國圈之上。

現在再讓我來逐一分析，論證香港民族主義神話的情節完全沒有根據。

説民主回歸派這批港奸令香港統治權落入中共之手並不正確。八十年代中英就香港前途問題展開談判時，不同的民意調查都顯示絕大部分香港人希望「維持現狀」，即是讓香港繼續由英國管治，不要回歸。當然亦有一些人贊成民主回歸，例如論政團體「匯點」——也就是「民主回歸論」的始作俑者，成員有吳仲賢、劉迺強、曾澍基、陳文鴻等。中方以民調欠缺代表性為由，完全漠視，又以自己作為香港市民的談判代表自居，最終迫使英國妥協，定下在一九九七年七月一日歸還香港。因此，有沒有民主回歸派，對香港是否回歸沒有影響，關鍵是北京決意收回香港，無人能阻擋。如果問既然那時民意如此，香港人為何不反抗命運，推倒談判結果？當時港人的思想、作風和對政治的關注程度與今日大不同，這問題等於是問現在的香港人：為何不立即獨立建國？何以不佔領政府合署，趕走解放軍？不同時候有各種不能做的事情，這便是問題的答案。何況假如當年香港人真的反抗回歸，會有甚麼後果？根據後來前港澳辦主任魯平所言，以及英國前首相戴卓爾夫人的文件，證實鄧小平曾說過如果香港在回歸前十五年內出現大規模嚴重動亂，北京必定使用武力收回香港。鄧小平出身軍旅，必然說到做到，結果真是不堪想像。這一點其實當年大多數的香港人心裏是明白的。

內地政府利用單程證名額殖民香港之說完全罔顧事實。早在一九八三年時，港英政府便與中國政府訂定單程證名額，每天發七十五個，讓內地人移民香港，到一九九五年七月起，更每天發一百五十個。這不是回歸後才有的事。另外，假如使用單程證每日配額達到上限，以一年三百六十五日計算，每年應有超過五萬人來港，但過去三年（2013–2015）持單程證來港人數持續下跌，二〇一五年有關數字甚至不超過四萬，可見內地並非意圖殖民香港。另一邊廂，香港生育率低，二〇一四年，香港的總和生育率是每千名女性相對一千二百三十五名嬰兒，低於每千名女性須生育二千一百名子女才能達到的更替水平。二〇一五年，本港人口增加了六萬四千人，其中超過一半為單程證來港人口，可以想像如果沒有外來人口的加人，以香港人奇低的生育率，香港人口遲早滅絕。

在世界經濟史上，絕對沒有一個地方在人口老化和減少的情況下，仍能維持經濟繁榮。

有人質問為何香港人要北上嫁娶、「溝淡」香港人？娶或嫁甚麼人是個人權利，讓一家人在港團聚也是合情合理，怎能阻止？

過往也試過多次大量內地人來港居住，輸入龐大的勞動力，除非有其他情況同時出現，否則不會拖累本地人的收入下滑。相反，許多時人口輸入還會刺激當地的經濟增長。試看看歷史證據。一九四五年日本在二戰投降後，香港人口只有五十多萬。其後，本來在戰時內徙避難的人紛紛回流，加上國共內戰，大批內地人士湧港，到了一九五〇年，香港人口已大增至一百八十六萬。碰上五十年代韓戰，美國對中國實施貿易禁運，對以經營轉口生意為主的香港造成致命打擊，經濟蕭條，失業率便上升。但亦正因香港轉口業不保，從內地逃難來港的資本家看中香港的進出口網絡，以及大批勞動人口，投下資金，幫助香港發展工業，令香港經濟起飛，成為世界聞名的製造業中心。一九七四年末，香港實施抵壘政策（Touch Base Policy），只要非法入境者成功抵達本港市區，並在入境處登記，便能成為香港合法居民。如途中被警方截獲，則要被押解回內地。不少人抵壘成功，香港人口因此急速增加，由一九六九年的三百九十萬升至一九七九年的五百零一點七萬。根據一九七九年《香港年報》的估計，單單計算七七和七八年，從內地來港定居的人至少有二十五萬人（這也可證明現今內地政府沒有企圖殖民香港，以往輸入的內地人數目遠較現在為多）。由於增加了大量勞動人口，加上金融業發展，香港八十年代經濟非常繁榮，我記得那時商界一年要加兩次人工，所有人的實際收入都不斷增加。新加坡也是一個輸入外勞帶動經濟的好例子。由二〇〇九至二〇一三年，新加坡外來人口合共增加百分之二十五。二〇一五年，新加坡人均國民總收入超過五萬五千美元，高於香港。因此，對香港來說，人口輸入帶動經濟，當然始終免不了有個別人士收入減少，但整體來説，人均收入是有所增加的。事實上，只要外來人口的生產力大於消耗，便會增加當地的財富。

何況，內地人在上世紀多次大量湧入香港，那時的香港遠比今日貧窮，香港人也沒有絲毫怨恨和鄙視，而是同舟共濟，支援他們，為何在生活水平遠為寬裕的今天，反而要用仇恨和歧視來燃點「港獨」思想呢？假如要用仇恨和歧視傳播某種想法，施者和受者必須有明顯分野，才容易執行（但我聲明我絕對反對這種做法），如白人歧視黑人便是其中一個例子。香港人和大陸人膚色及髮色一樣，五官輪廓也不見得有深淺之分，若再縮小範圍，以香港人和廣東省的人作比較，雙方都說廣東話，更是沒甚分別，那為何要鼓吹仇恨和歧視思想呢？我全家雖早年來港定居，但仍有一些堂叔伯兄弟住在大陸，忽然之間他們變成蝗蟲，令我又奇怪，又難以接受。若然憑口音去判定應否仇恨和歧視對方，也很容易犯錯，如對方原來是台灣人，為何香港人還要墮入仇恨和歧視的陷阱？

另外一點空浮的說法是內地移民好吃懶做，領取綜援，白白要港人養活他們。其實自二〇〇四年開始，政府已規定新移民須居港滿七年才可申領綜援，直到二〇一三年尾，終審法院裁定此規定違憲，才改為新移民居港滿一年便合資格申領綜援。那時有人立即憤憤不平，揚言綜援開支必會暴升數億。那時我持相反意見，認為綜援開支不會因此而大升，更表示願意以任何條件對賭。結果沒人和我對賭，事實證明綜援支出火箭式上升之說亦不成立。自從終審法院裁決結果出爐後，居港未滿七年的綜援受助宗數平均每年只增加一千多宗，有關總受助金額更下跌了，由二〇一二至一三年的約六點七三億，降至二〇一四至一五年的約五點八二億。根本越來越多新移民的教育水平比以前提高，有謀生能力，不用領取綜援。

我連大漢族民族主義的神話也看不起，對完全不建基於事實的香港民族主義神話當然更是嗤之以鼻。

第五節　港獨燎原

其實陳雲的「城邦論」出籠後，陸續有人寫文章討論「港獨」，本來都不成氣候，直到梁振英在二〇一五年施政報告中炮轟港大學生會刊物《學苑》「自立自決」的主張，明言要勸阻和警惕「港獨」，才令「港獨」思潮沛然莫禦。沒有辦法，很多香港人極討厭梁振英，既然「港獨」引他注視、令他抗拒，那一定便是好事，於是人們紛紛對「港獨」產生興趣，作出討論，令「港獨」思潮傳播得很快。

如何爭取「港獨」呢？鑑於雨傘運動使用非暴力的方式進行抗爭，經過七十九天之後無功而還，有些人認為放棄非暴力、轉為勇武是抗爭成功的唯一出路，由是「港獨」和「勇武」兩者混在一起。不過，有些人對是否須「勇武」感到猶豫，未肯定是不是應就此走上勇武之路。

接著發生二〇一六年農曆新年「旺角之夜事件」，「勇武」加「港獨」這組合更成燎原之勢。先是年廿九晚，劉小麗協助小販到深水埗桂林街開檔擺賣被控，到了年初一晚，再去旺角朗豪坊與小販一起擺檔，目的是維護基層的營生權利以及本土墟市文化。在年初一晚到達現場聲援小販的，另有本土民主前線黃台仰和梁天琦等成員。警察開始驅趕無牌熟食小販後，引起在場者不滿示威，雙方發生衝突，警方出動盾牌、棍棒和胡椒噴霧等，但示威者扔雜物還擊，部分人更帶備長棍和自製盾牌。雙方互相用武力進逼，衝突升級，結果警方向天連開兩槍，激發示威者的怒火，他們投擲垃圾桶等大型雜物，並拆除地磚擲向警察。經過整晚你追我逐，最終一百三十人受傷送院，超過六十人被捕。在是否贊同勇武抗爭的立場上，「旺角之夜事件」是一個非常重要轉捩點。有些人認為當晚示威行動太過激進，徹底離棄，另外一些本來猶豫

不決的人則認定必須採取更加激烈的行動去維護香港的利益。無論如何，正因這次事件，梁天琦聲望大振，雖然他在二〇一六年立法會新界東選區補選中落敗，但他取得六萬六千五百二十四票，得票率超過百分之十五。梁天琦是以「光復香港，時代革命」作為競選口號的，主張香港自治和自決前途。所以他獲取高票，象徵主張香港獨立的聲勢越來越強勁，越來越多人主張香港徹底獨立，因為北京不會讓香港自治，香港唯有獨立才有前途。

到了二〇一六年立法會選舉，梁振英政府要參選人簽署「擁護基本法確認書」，之後又向部分參選人發出電郵，查詢他們是否主張「港獨」和香港建國，藉此褫奪了梁天琦、香港民族黨召集人陳浩天等的參選資格。越被壓迫，就越激起反抗心理，更多香港人因此支持「港獨派」。結果，在是次選舉中，支持自決、本土以及獨立派候選人（包括香港眾志、熱普城、青年新政、朱凱廸、劉小麗和陳澤滔）合共取得接近四十一萬張選票，整體得票率高達百分之十九，其中羅冠聰、朱凱廸、劉小麗、鄭松泰、梁頌恆、游蕙禎六位當選。其後發生梁頌恒、游蕙禎立法會宣誓風波，人大釋法變相僭建法律，令人們更為憤怒，「港獨」聲勢已不可遏止。

根據香港中文大學傳播與民意調查中心在二〇一六年七月發表的調查，在超過一千名受訪者中，百分之十七的受訪者支持「港獨」，尤其在十五至二十四歲的青少年組別中，支持「港獨」的比率接近四成。青少年最是無所忌憚，極度厭惡內地政府步步進迫，很想擺脱，等於與家人同住覺得不自在、不夠自由，便想搬出去，以後自己便海闊天空。

第十二章：獨孤求立

第六節　港獨數問

最後以「港獨」數問作為本書的總結。

第一問：我贊成「港獨」嗎？

不贊成。我在很小的時候，也是一個民族主義者，接著對民族主義進行了反思，深思熟慮後，才對「中國統一」放下執念。到了倒董時期，我亦說過香港人應該自行決定香港的命運。不過，有一點是我自小一直沒變的，就是我對中華文化和歷史的傳承始終抱有一種強烈的感情，所以我反對「港獨」。

第二問：我反對討論「港獨」嗎？

不但不反對，而且贊成想談便談，這才是言論自由，也是香港人必須維護的普世價值之一。

第三問：香港有獨立的條件嗎？

當然有。

如果該地方原本屬於一個國家，要求獨立成國，必須運用以下三點作出判斷。

第一，在歷史上，該地方曾經獨立，或脫離原本所屬的國家的統治，有史可循，不然全世界任何一個地方都可以突然鬧獨立了。

第二，該地方與所屬國家的文化差異極大。

第三，該地方是否有獨立的法律理據。

香港的情形如何呢？

首先，在歷史上，香港曾經是英國殖民地，脫離了中國的統治。

其次，香港與內地文化相去甚遠。香港人的文化屬於南方文明，直接由中古傳承下來，夾雜了苗、僮文化，再在接受英國管治的百多年期間，受到西方文化的熏陶，大者如學習了普世價值的重要性、重視法治精神等，小者如自動自覺地排隊、不隨地吐痰、男性對女性講究紳士風度（如替女士開門和拉椅子），這些對內地人來說，都是不可想像的。八十年代，台灣著名音樂人羅大佑來港，到了半山，看見香港人在巴士站自動自覺地排隊，旁邊沒有警察，便大為感嘆，覺得香港人不像中國人。另外，一九五一年至一九七九年，香港人要進入內地的話，極不方便，最初數年要委託內地的家人、親戚或朋友代向相關的公安機關申請通行證，及後改為在入境時向邊防檢查站申領一次過有效的《港澳同胞回鄉介紹書》，列明回鄉的目的、目的地和逗留時間等。由於太過麻煩，加上內地政局動盪，香港人如非必要，都不會回內地。三十年來，絕大部分香港人和內地人不相往來，基本上兩地的文化交流斷絕。香港亦免於「文化大革命」一劫，保留了部分儒家優秀的思想，如愛財也要取之有道，不能製作黑心食品。香港擁有自成一格的文化特點，與內地截然不同，當然可以自成一國。

最後，在法理上，香港完全有獨立的依據。當日清政府先後簽訂《南京條約》和《北京條約》，分別將香港島和九龍半島永久割讓給英國；另於一八九八年租借新界予英國，為期九十九年。因此，根據條約，中國根本無權收回香港島和九龍半島。何況，根據國際法中民族自決的原則，被外國奴役和殖民統治下的被壓迫民族可以自由決定自己的命運，擺脫帝國主義和殖民主義的統治，擁有建立民族獨立國家的神聖權利。中共憑藉聯合國常任理事國的特殊地位，不承認香港的殖民地地位，便是因為恐怕香港會行使民族自決權，變成獨立國家。香港人從來沒有就回歸中國與否而進行投票，根本不公平。

因此，單就獨立成國的資格而言，香港是符合的。

順帶一提，有反對「港獨」者認為香港地方這麼小，談甚麼獨立？無可否認香港是一「袋囊殖民地」，即是在人家的領土旁邊極小的一處地方，很難獨立。且看看世界上其他的袋囊殖民地：直布羅陀位處西班牙南面，領土極小，縱然在一九六七年舉行了公民投票，結果絕大多數人還是贊成直布羅陀繼續歸屬英國；葡萄牙前殖民地果亞在沒有經過投票的情況之下被印度吞併；唯一真正獨立的是新加坡，因為種族問題，屢屢爆發衝突，結果被馬來亞政府逐出馬來西亞聯邦，變成獨立國家。雖然袋囊殖民地不容易獨立成國，但殖民地的人有權投票是另一回事，香港人無論怎樣，也應有權進行投票決定是否獨立。

香港也可以福克蘭群島作為借鏡。福克蘭群島位於南大西洋，屬於英國殖民地，島上超過九成居民都是英國後裔或新移民。阿根廷聲稱對群島擁有主權。結果，二〇一三年，福克蘭群島上的居民進行公投，百分之九十九點八的選民都表示希望隸屬英國。為甚麼香港人不可以像福克蘭群島的居民般，投票決定自身的命運呢？

第四問：香港能否成功獨立？

現在沒可能，起碼大約五、六十年後，香港和大陸兩地的條件都成熟了，才可看到成事的曙光。

先說香港。如果要在香港凝聚強大的獨立要求，一定要絕大部分香港人都相信和支持香港民族主義，願意為香港作出犧牲，例如忍受經濟動盪。短期內這種情況不會出現，原因是七十年代或以前出生的人，佔香港人口百分之六十以上，他們自幼讀中文和中國歷史、看古裝電視劇等，無形中已對「統一」形成了一種無可理喻的執著，有大中華情意結。這批中年人和老年人養成這種典範思維已有多年，改變大中華思想的機會很微，必須等待數十年後，他們陸續離去了，現今的兒童和青少年一輩成長結婚，生兒育女，這些嬰孩又長大成人；與此同時在這數十年中，又不斷接受香港民族主義的思想洗禮，那麼贊同「港獨」的香港人口便會變成大多數。未經過時間的洗牌，夢想香港獨立實在太早，縱然北京不反對，香港的大中華主義者已和「港獨派」拼命。

再說內地。現今中國民族主義者的情緒跟百多年前的英國相仿，不容許在她政權下任何領土獨立。假如台灣宣布獨立，接近九成中國人都認為應該用武力攻取台灣，因此台灣總統蔡英文雖是台灣本土政黨民進黨的主席，也不敢試探台獨的可能性，情願繼續維持現有的局面。台灣和大陸有台灣海峽相隔，尚且如此，何況是只和內地相隔一條深圳河的香港？如果香港宣布獨立，十三億中國人肯定大怒，痛恨香港拆散祖國領土，堅決支持北京攻打香港，香港不變炮灰才怪。分裂國家領土是當今中國人的逆鱗，萬萬碰不得，必須等待數以十年計的光陰過去，中國人受到文明思想啟迪，變得開明了，香港獨立才有機會成事，正如英國容許蘇格蘭進行獨立公投一樣。

目前香港所能爭取最好的民主進程是怎樣呢？便是憑藉公民抗命獲得國際支持，向北京構成壓力，答應讓香港實現雙普選，讓香港人實現高度自治。在兩地條件俱未成熟的情況下，假如堅持要為香港易幟，製造香港國，便是不惜觸犯北京政府及十三億中國人，不惜冒香港徹底被毀滅的風險，這樣值得嗎？台灣人告訴我們這樣不值得，我看不到香港為何值得。

第五問：勇武能否在港延續？

由始至終我都反對勇武，也深信勇武必定褪色。農曆新年「旺角之夜事件」後，警方深以為戒，吸收經驗，只要在場示威者號召使用武力，警方便立即反擊，展開拘捕行動，絕不手軟。若果有心發動勇武行動的人事前召集人們大規模參與行動，不論是透過網上呼籲或電話訊息通知，警方都有辦法查知消息，便會加派人手在前往示威現場的路上監視，一旦懷疑有人攜帶武器，便沿途攔截搜身，示威者未去到現場便已被拘捕，如何勇武？故此勇武無法傳播。

縱然勇武派進入立法會，也不能做得比長毛、慢必、陳偉業等更多，只要勇武派傷害他人身體，立即便被拘捕，結果還是交不到功課，所以勇武必定無法延續，更不可能成大事。

總結・前瞻

總結．前瞻

前文我已說過，香港是中國的腎囊，不能完全成為中國的一部分，也無法獨立生存。一九四九年中華人民共和國成立後，毛澤東已決意要把香港當作中國的透氣孔和耳目，無論是向國際收取或發放情報，或與世界各國接軌，香港都是不二之選，所以他沒有用武力強行收回香港，而要對香港「長期打算，充分利用」。

一九九七回歸年，香港本地生產總值（GDP）約佔全中國18%，雖然在二十多年後的今天，有關份額跌至不足3%，但香港對中國的貢獻並非單純只有本地生產總值。香港這台機器可以幫助中國政府及企業收集全世界的情報，與及對外投資、上市集資等等，更甚至清洗黑錢。香港亦為中國提供了穩定經濟的作用，假如人民幣出現甚麼問題，自由兌換進一步收縮的一刻，還可用港元進行對外貿易。現時，特朗普對美國是否奉行「一個中國」的政策表示懷疑，中國在世界貿易組織（WTO）又不獲美國、歐盟和日本承認是市場經濟國家，中國對外貿易前景不明朗，更加凸顯了香港地位的重要。

北京對香港的基本政策大致是這樣的：回歸初期，一定要努力保持香港的獨特地位，產生持續的經濟效益；同時教育香港人，只要經過一段長時間後，香港人便知大陸有多好，人心便會漸漸回歸。誰知香港人越瞭解內地、越接觸內地人，反而越產生離心，原因甚多，例如文化衝突，除了生活習慣的不同外，香港人也看不慣內地人的營商手法，如走後門、賄賂等。更何況，香港人越來越看清中國政府的貪腐有多嚴重，二〇〇八年汶川大地震，港人積極捐款賑災，誰知絕大部分捐款被貪官中飽私囊，加上習近平打貪，事實證明上至政治局常委，下至村鎮領導，無一不嚴重貪污，而且所貪的是天文數字，令香港人打從心底裏瞧不起大陸人，談何人心回歸？本來根據《基本法》，香港最終要實行「雙普選」，所以北京自回歸後便不斷敦促民主派，要他們 play within the rules，北京也的確曾經有心讓香港實現「雙普選」。然而，隨著時間過去，北京眼見香港人與自己「格格不入」，難以放心香港實行「雙普選」，故此撕毀承諾，先是否決07、08「雙普選」，然後八三一全面落閘，「雙普選」遙遙無期。香港人漫長的等待全變成徒勞，導致香港出現積極的兩極分化。

兩極分化有兩個條件，第一是非左即右，沒有中間地帶；第二是兩方的人都將自己視為正義，把對方視作邪惡，勢不兩立。以黃絲和藍絲為例，黃絲視藍絲為封建、專制、中共的走狗，干擾香港的核心價值，尤其是自由和民主；藍絲是「大中華膠」，企圖替北京把香港變得植物化，變成毫無自主意識的一群。至於藍絲呢？藍絲本來就是保守主義者或依附主義者，沒有意識形態，只知愛國，覺得黃絲被西方文化洗腦，以為自由和民主便是好，現在更談「港獨」，企圖分裂祖國，都是漢奸，非常可惡。黃絲和藍絲均有激烈的意識形態在背後支持，水火不容，才會構成香港社會的嚴重分裂。

回顧梁振英成功當上特首，更多的是意外因素，而非陰謀。當香港兩極分化出現後，再加上梁振英的處事作風，令兩極化局面越演越烈。其實我有一些親友跟梁振英一樣，都是用二元論看待世界，不是善便是惡，沒有灰色地帶。另外他們相信「零和博奕」，即是假如我有所收益，必然意味著你有損失，兩方的收益和損失相加等於零，所以沒有合作的可能。他們不知道這個世界有雙贏。更可哀的是，他們都帶有一點反社會的人格特徵，從來不知道自己有錯誤，以為自己永遠正確，卻常常受冤屈，別人不明白他們的光榮偉大。正因為這三點特色，所以梁振英這類人的世界觀和社會觀必然出現嚴重錯誤。不幸的是在過去數年，香港正是由梁振英當家作主，才會令局面越來越差。

梁振英對中共絕對忠誠，假如中共要他做足一百分，他無論如何都會做到一百零一分，等於是上司叫他去痛罵誰，他便撲出去打人，所以香港社會變得這麼分裂。

對於北京來說，香港是一處賺錢的地方，最理想是香港平平安安，維繫聯繫匯率，隨時可召開國際級商貿會議，替國企集資，全世界的資金又可自由進出香港，受到完善的法例保障。既然要賺錢，香港的財金官員便有最大的利用價值，所以先有曾蔭權做特首，然後北京想捧唐英年上場，現在輪到曾俊華和陳德霖接特首棒的呼聲甚高。

假如香港被大陸化，喪失了自身特色，便會淪為中國一個普通的城市，再沒有獨特地位，利用價值也就大大減少。如果香港兩極分化越趨嚴重，雙方不斷衝突，甚至令內地其他城市聞風而起，那麼香港便變成北京的負資產。故此，北京一定要保持香港的獨特性，以此展示全世界。

不過，維持香港獨特性跟同意「港獨」完全是兩回事。這牽涉到習近平和十三億中國人的意識形態：國土不能分裂。其實毛澤東也是個「大中華主義者」，不准國土分裂，也不容許資本家剝削工人，但他比較實際，知道香港作為中國對外窗戶的利用價值，便不在意一定要由中共統治香港，也不理會香港實行資本主義。習近平未能像毛澤東一樣徹底壓服其他人，所以對於「港獨」問題，北京絕對強硬，但要長期利用香港，不能讓香港社會繼續分裂下去，天天發生亂事，令香港的專業人士和財富資產階層離心離德，所以又要有軟的一面，卻又不能徹底地軟，以免香港淪為受外國勢力操縱的傀儡，那就算香港保持功能，也違背了北京和十三億中國人的良知。故此，要能真正徹底解決香港的管治問題，只有兩個方法，便是「硬中帶軟」和「軟中帶硬」。

「硬中帶軟」即是在意識形態、國家機器等方面態度嚴厲，但在民生方面籠絡港人，不時派糖。「軟中帶硬」則是綿裏針，表面上非常寬鬆，任何事都可以商量，各界都可以溝通，但暗裏藏刀，只要一牽涉港獨的議題，利刃馬上劈下，毫不手軟。

過去一個月，北京已經對泛民伸出了橄欖枝，例如向民主派人士發放回鄉證，解決這個纏繞二十多年的問題。對於北京來說，這是一個非常重大的決定，皆因如此一來，泛民便能組團北上，跟北京傾談各種問題。試想想，假如泛民能夠和港澳辦及北京各級官員論政，即是和民建聯有差不多的待遇，那麼民建聯便會喪失作為北京唯一耳目的身份，對民建聯非常不利。何況，香港人會支持能夠和北京溝通的人，而泛民又能代表港人向北京爭取民主，民建聯豈非更沒有優勢？故此民建聯和愛國人士極力反對泛民取得回鄉證。

無論如何，北京對待泛民採用了比較温和的路線，甚至連政改都可以進一步傾談，這是我在二〇一六年十二月時預測的。

而梁振英和中聯辦卻一味強硬到底，和泛民絕無商議的餘地。為了讓梁振英連任特首，中聯辦更刻意製造更多香港混亂的局面，每次向北京匯報都說香港局勢欠佳，原因是有人勾結外國勢力——若不是利用外國勢力作為藉口，實在很難解釋。結果是需要花更多錢去維穩，維穩費以驚人速度增加。順帶一提，一些社團人士靠組織大型反示威、反佔中運動去向中聯辦獻媚，發財之餘還步步高升，當上了政協常委和人大代表。

從這個角度來看，便知道梁振英為何不能連任。

人們對梁振英無法連任特首分為兩種說法，其一是說中央政府非常照顧梁振英，在梁振英宣布不競逐連任前數天，他還積極會見地區和建制派人士，向他們拉票，支持梁振英的建制派人士還發放消息，說他連任的機會高達99%，結果大家大跌眼鏡。如此言之鑿鑿都錯，以後透露任何消息，人們還會相信嗎？人們不免對建制派產生信心危機。既然如此，唯有找方法自圓其說，於是說中央十分信任梁振英，但他是一位很好的丈夫和父親，鐵漢柔情，女兒也很重要，權衡之下，唯有以照顧家庭為重。持這種說法的人當然十分少——其實不如此說，又如何下台？

其二則是說梁振英被中央迫退，持這種說法的人有前港區人大代表吳康民等。

我當然相信第二種說法。至於中央迫退梁振英的原因，有三種可能性。

第一種可能性是梁振英的私德有問題，例如收取UGL五千萬元，正正犯了習近平打貪之忌，何況可能尚有其他醜聞未被曝光？

第二種可能性是梁振英用敵我矛盾的手法執政，得罪人多，只要換一個沒有那麼容易得罪人的特首出來貫徹政策，便可以了。換句話說，梁振英的繼承者是梁振英2.0版，也可稱之為梁振英改良版。如果真是這樣的話，林鄭月娥便會當選，因為她是梁振英主義者。

第三種可能性是北京經過仔細計算後，發現梁振英根本連六百零一張選委票也拿不到。選委會由一千二百人組成，根據《行政長官選舉條例》，行政長官候選人必須獲得過半票數才可當選。北京預計

Anyone but CY（ABC）集團和泛民在今屆選委會選舉中可能取得超過三百票，另外在上屆特首選戰提名唐英年的三百七十九人中，今屆有超過二百六十人參選，其中一百三十六人自動當選，另外批發及零售界的十二人和商界（一）的九人甚有勝算，相加之下，唐英年舊營已手握超過一百五十票，可以成功幫助任何人跨過特首參選門檻。ABC集團、泛民及唐英年舊營所得選委票相加起來，已經超過四百五十票，再加上其他參選選委、有可能勝出的唐英年舊營戰將，以及上屆無提名唐、梁的建制派選委，票數逾六百，如果無法從這群人手中爭取到選票，梁振英根本無法連任。

當然，建制派中人未必敢和中央作對，例如投票選一個像何俊仁的人出來；但不排除他們會投「不支持票」。如果只有兩名特首參選人，經過選委會投票後，有超過六百張「不支持票」，即是沒有人取得超過半數選票，那麼選舉程序便要終止，然後進行新一輪提名，再重複選舉程序，直到選出候選人為止。假如有兩名以上特首參選人，卻沒有人成功在首輪投票中取得超過六百票，便要篩選得票較低的候選人，再來另一輪甚至多輪投票，篩選至終於只餘下兩位候選人。但如投票後仍沒有候選人取得超過六百票，同樣是先終止選舉程序，然後再啟動選舉，直到選出候選人為止。換言之，在上屆特首任期屆滿、卻未有特首參選人取得超過六百張選委票前，香港可以陷入沒有特首管治的真空時期。北京不會容許這種情況出現，所以下令梁振英放棄連任。

以上總結下筆之時為二零一六年十二月中旬，轉眼第五屆特首選舉結果已塵埃落定，林鄭月娥最終以七百七十七票當選。我認為林鄭月娥當選主要有兩大原因：第一，北京政府認為她有能力與商界和泛民打好關係，尤其是她為了討好商界選委，在其政綱中刻意淡化強積金對沖、訂立標準工時以及不限資產全民退保等議題，結果她成功統一建制陣營，幾乎囊括所有建制派的票。

至於泛民則「All-in」曾俊華，因認為他較有親和力，但北京政府不相信曾俊華，認為他在政治立場上不夠堅定。而且泛民今次在選委成功取得三百二十多票，是北京政府決定不讓葉劉淑儀入閘主因，怕兩人相爭，攤分建制派的票，令泛民成為造王者，如漢朝平呂氏之亂，籲軍中表態，稱「為呂氏右袒，為劉氏左袒」，泛民的三百多票傾向誰，誰便能勝出。葉劉淑儀最終不能取得足夠提名票，對曾俊華亦開了紅燈，不過曾俊華沒被勸退，靠泛民的百多票提名成功入閘，加上胡國興，最終成為三人競逐之局。結果，林鄭盡得建制之票，成為新特首，而香港亦正式踏入另一個新局面。

運筆至此，已是最終章，七月我便退休，之後將不會再修訂《香港的命運》，只能嘆喟「千古興亡多少恨，輕歌一唱萬山驚」。

後記

後記

我下筆撰寫《香港的命運》，時為二〇〇〇年，那時我開始對香港的前途感到很大的憂慮。二〇〇一年之後，我沒對香港前途問題作出論述，直至二〇〇七年，我再次以「香港的希望」為題，就香港當時發生的種種「事」與「情」續寫了幾個篇章。到了二〇一〇年，我開始著手完成《香港的命運》餘下的部分。然後梁振英上台、「雨傘運動」發生、「港獨」思潮燃起，我續補此書，最後以預測二〇一七年特首選舉結果作結。

在這十六年間，可謂白雲蒼狗，無論是世事還是自身的狀況，都已經歷了許多變化。《香港的命運》第一和第二章的文章大概是寫於二〇〇〇年，由於之後個人無論在視野上、知識上、人生經歷上以及香港局勢上都有很大變化，所以之後所寫的篇章與之前的文章可能會不大連貫，但我卻不打算修改，以保持它歷史上的真實原貌。

我自身在這十六年間經歷的重大變遷，首先是二〇〇二年我將經營了三十年的家族建築材料生意賣掉。之後我經營過美容纖體業務，也拍過好幾部電視劇，接著在二〇一〇年製作了《3D肉蒲團之極樂寶鑑》。

若以做生意的角度出發，在過去的十一年裡，我深切體會到在香港營商的確越來越困難。香港是一個高度競爭性的社會，只要市面一出現成功的例子，便會立即有人一窩蜂地去跟風模仿，直到無利可圖為止。而且在香港做生意所賺的利潤，幾乎全都花在租金之上，這個問題又歸結到香港的各種壟斷情況，地產霸權、貧富懸殊等都是造成香港營商環境日益困難的原因。這個問題在之前的文章已詳細談論過。

另一件值得記載的事，是二〇〇三年七月一日遊行示威之後，我感到過去數十年個人所得，都是香港這個社會賦予我的，因此作為香港公民一份子，我必須負擔某程度的公民責任，於是在二〇〇三年末，我參加了「民主倒董力量」。二〇〇五年，董建華下台了。

經歷這次運動之後，我發現我不太適合直接參與政治前台運動，所以在二〇〇四年黃毓民及鄭經翰封咪後，我找來了包括馮志活、王岸然等數十名人士，建議大家一起設立一個網台，讓香港的另類聲音可以有一個發聲的渠道。這個建議逐漸發展成為日後的「香港人網」。後來我又與黃毓民合作，設立MyRadio網上電台。有一段時期，香港人網與 MyRadio曾經合併。直至二〇一〇年，兩者再次分拆，我獨自經營謎米網台，除了我主持的《蕭遙遊》和《最新蕭析》外，還開放給不同人士主持各種節目。

二〇〇六年我身體出現了問題。某天晚上，我突然背部劇痛，要立即召救護車送院。檢查後發現是大動脈血管撕裂，情況十分危急，雖然最後無須動手術，卻在深切治療病房躺了十五天。這次病發的得著是我因此戒了煙，不好處則是戒煙後難免會增磅。

大動脈撕裂這種疾病的死亡率其實相當高。雖然五年內沒有復發的話，生命威脅已大大減少，但我總算是在生死的邊緣走了一趟，難免在思維上會有很大的改變。

當一個人覺悟了生命的無常之後，便會發現人生最有價值的事就是做自己喜歡做的事，盡量活在當下，不會再為太長遠的事作出打算。於我來說，最快樂的就是能做一些可以幫助別人的事。好像當初我建立香港人網，是希望能達到幾個目的。首先，如果說親身參與選舉的人是站在政治運動的前台的話，我願意花更多的時間去做政治的後台工作，因為我認為這是民主的基建工作。許多事到最後其實都是一時虛幻，包括選舉的勝負，但民智的開啟卻可帶來永遠、不可逆轉的作用。透過對時事的評論和較有系統的敘述，我嘗試陸續將我的想法和思維方法利用網上電台傳播出去，希望能夠產生一種潛移默化的作用，令一部分支持我們的聽眾能有所得著，尤其是能夠學到獨立和批判性思維。

幸運地，經過幾年的努力，我在推廣獨立及批判性思維教育這方面算是獲得了少許成就。香港人網在開始時，每晚節目大概只有百多二百人收聽，發展至今，每晚在網上同時收聽現場直播的聽眾可達萬人，每個節目的下載人數更可達三十萬。

香港傳媒的投資者大部分都有在國內同時經營其他業務，因此他們的自我審查必然十分嚴重。即使不受自我審查影響，其商業味亦會十分濃厚，大家都會朝向大眾的口味出發。好像淫照事件，一宗娛樂新聞可以佔據整個星期的大報章頭版，完全是基於商業取向。一些小眾或特立獨行的聲音根本完全沒有出路。因此我辦香港人網的第二大目的，就是希望可以創造一個可以跟主流傳媒對抗的獨立傳媒，令另類的聲音可以有機會、有渠道發聲。

營運一個成功的傳媒其實是一種社會運動。回顧過去，《明報》的壯大就是始於「大躍進」時期批判共產黨，《東方日報》則是由設立「東方日報慈善基金」協助社會上不幸人士渡過難關時開始取到民心。當然，無論是人網或謎米，我個人是有政治取向的，而且這個偏向非常明確。每年七一，我們都會號召群眾上街。我們亦支持香港盡快進行「普選」，在之前的篇章我已詳細解釋過為甚麼香港必須盡快推行全面「普選」才會有一定的出路。另外，同樣重要的還有對抗地產霸權以及香港其他的不公義現象。

我經常強調，自己做不到的事就不能要求別人去做，但是自己能做到的事，則無論是多卑微的，也要盡力去做。只要每個人都能做一點事，世界便能進一大步。就像汪精衛《被逮口占》詩云：「銜石成痴絕，滄波萬里愁；孤飛終不倦，羞逐海鷗浮。」只要鍥而不捨地努力，終有一天會看得見成果。

近年出現了一個非常幽默的現象，香港人的確是在「教壞」國內人。這個現象在廣東一帶尤其明顯。國內自由行來到香港，除了購物遊玩之外，也有機會親身觀摩、甚至參與香港的示威遊行，嘗到自由所帶來的快樂。在國內，不容許遊行示威，也不能直接譴責政府。因此國內網民看到我在網上節目發表責難特區政府的留言，每每都會歎為觀止，驚歎擁有言論自由的美好和愉悅。

廣東一直有與香港看齊的傾向，相對於其他地區的報章，南方傳媒的風格是較自由化的，如《南方都市報》就有不少仿傚香港報章的地方。廣東人搞示威的方法，亦有模仿香港人，遊行人士所用的標語、示威牌等，都明顯有香港的影子；有事連遊行的主題亦如出一轍，例如「捍衛粵語」運動。香港作為一個民主的示範，對中國逐漸形成了一種實質的威脅。

若中國一直不改革，香港的優勢便會繼續；若中國進行改革，那香港沒甚麼需要害怕。唯一能夠阻止香港邁向民主的就是中國政府，若中國明天開始實行民主，醒目的香港人想必會「漏夜」上街推翻特區政府，那麼香港後天便會有民主。在這種視角下，香港的前途是樂觀的。

在香港，主張或從事民主運動的人需要付出的犧牲是相當小的，因為在香港不會有人因為爭取民主而被捕，亦因此原故，我們必須對在國內爭取民主的人士深深致敬。眼見中國多少被捕入獄的民運人士，刑滿出獄後仍然能夠為爭取民主堅持到底，對於這些人，我們怎能不敬佩萬分！就好像胡佳，雖然他為維權而坐牢三年有多，又因此而患了肝硬化，但他的妻子仍然說不會強迫他放棄維權運動。若換作是我老婆就肯定做不到，她必定會怨天怨地，要我放棄一切立場。而在我老婆和女兒的巨大壓力之下，我是否仍然能夠堅持呢？我亦非常懷疑。

最後我引用毛主席所說，香港的「前途是光明的」，但「道路是曲折的」。我時常認為，毛主席的「偉大」，在於他說了許多兩面皆通、「阿媽是女人」的道理，但他說的這些道理卻又相當中用。

此時此刻，正是「天若有情天亦老，人間正道是滄桑」。

1989年第二次結婚的結婚相

1990遊夏威夷，身邊是兒子蕭定一。

2008年蕭雙雙生日會的家人合照

2001年參加人網的「驚蟄創世紀全城打小人」活動

2011年終維園年宵現場直播《風也蕭蕭》節目

童年的蕭遙遙和蕭雙雙

2011年黃鶴樓前與太太的合照